LES

VACANCES D'UN MÉDECIN

1886

L'Espagne et le Portugal.

OUVRAGES DU MÊME AUTEUR

7169-86. — Corbeil. Typ. et stér. Crété.

LES VACANCES

D'UN MÉDECIN

PAR

M. LE Dr E. GUIBOUT

MÉDECIN HONORAIRE DES HOPITAUX DE PARIS

CHEVALIER DE LA LÉGION D'HONNEUR, ETC.

SEPTIÈME SÉRIE
1886

PARIS

LIBRAIRE DE L'ACADÉMIE DE MÉDECINE

120, Boulevard Saint-Germain, en face de l'École de Médecine

M DCCC LXXXVII

A

MA CHÈRE PAULINE

Je vous dois l'hommage de ce livre, à vous qui avez été aussi vaillante dans les plaines brûlantes de l'Espagne et les vallées tropicales du Portugal, que sur les bords de la Néva, dans les fjords de la Norvège, et sur les plages glacées de la Laponie.

E. GUIBOUT.

A

MON FRÈRE PAUL

A Viélaines, tu étais l'ami de mon enfance; et maintenant, nos cheveux blancs nous retrouvent encore, ce que nous n'avons jamais cessé d'être, toujours unis par cette douce et sincère amitié, qui a été l'un des bonheurs de notre vie, à tous les deux.

E. GUIBOUT.

AVANT-PROPOS

L'accueil si bienveillant qu'ont reçu les six premières séries des *Vacances d'un médecin*, nous a encouragé à en publier une septième; de plus, nous y avons été déterminé par l'importance des pays que nous avions visités. L'Espagne et le Portugal, en effet, excitent au plus haut degré l'intérêt, par leur histoire, leurs beautés naturelles, archéologiques, artistiques, et surtout, peut-être, par une couleur locale qui leur est toute spéciale.

Les séries précédentes de *Nos vacances* nous ont valu d'honorables et précieux témoignages, dont nous devons remercier ceux qui nous les ont donnés. Ainsi, des personnes, qui nous étaient inconnues, ont bien voulu nous ménager l'agréable surprise de nous écrire de pays lointains, et de nous dire, que, s'étant mises en route, après la lecture, et sur la foi de nos livres, elles se faisaient un plaisir de rendre un hommage complet et sans réserve à la scrupuleuse exactitude de nos descriptions, et à l'impartiale sincérité de nos appréciations.

Cependant, pourquoi ne l'avouerions-nous pas? on nous a fait aussi certaines critiques : ainsi on nous a dit, en ayant soin, toutefois, d'enguirlander ces reproches des plus gracieuses amabilités, que nos récits sont rapides comme des trains express ; que nous faisons une trop large part à nos expansions affectueuses ; que nous écrivons des noms propres, au risque d'alarmer quelques modesties, et d'émouvoir quelques susceptibilités.

Au premier reproche, nous répondrons : que si la vivacité de nos allures est affaire de tempérament, elle est aussi, trop souvent, la conséquence nécessaire d'une pénurie de temps : hélas ! le temps va si vite, en voyage surtout, plus vite encore que les trains express!... Quant au second reproche, nous l'acceptons ; nous savons, en effet, qu'il y a des natures douées de tous les charmes de l'esprit et du cœur, qui veulent rester dans l'ombre, ignorées, et ne se laisser deviner que par le discret et suave rayonnement de leurs mérites. De telles délicatesses sont trop respectables pour ne pas nous imposer le devoir de nous y soumettre ; nous sacrifions donc deux épisodes que nous aurions eu le désir de placer à la fin de ce livre ; nous les sacrifions, par cette seule raison, que les questions de cœur y tenant une large place, il nous eût fallu y enchâsser des noms propres, comme on enchâsse des pierres précieuses dans une parure ou dans un écrin : ces deux épisodes, par eux-mêmes, tout à fait étrangers à l'Espagne et au Portugal, s'y seraient cependant rattachés indirectement, puisqu'ils en ont signalé, disons mieux, charmé le retour.

Le premier est une fête religieuse dans le département de la Corrèze ; nous aurions eu à décrire de belles processions de paysans et de paysannes, croix et bannières en tête, marchant sur deux rangs, conduits par leurs curés, leur livre de prières ou leur chapelet à la main, et chantant, au milieu de la campagne, des psaumes, des hymnes et des cantiques. Le matin, ils arrivaient des villages voisins, pour assister, en foule immense et recueillie, à la prédication et à tous les offices de la journée, dans une prairie, arrosée par la Corrèze, et bordée de hauts rochers ; et le soir, à la nuit tombée, ils s'en allaient aux flambeaux, et dans le même ordre ; et des chants pieux, et de longs sillons lumineux nous indiquaient, de loin, leur passage, au fond des vallées, et sur le flanc des montagnes. Certes, c'eût été un beau et piquant récit, surtout dans ces tristes temps de persécutions religieuses, et de *laïcisations !...*

Le second épisode, d'un tout autre genre, est un séjour trop court, mais délicieux, dans le département de l'Indre, chez notre excellent ami, le docteur Ameuille, autour duquel deux aimables personnes nous retraçaient une figure bien sympathique, hélas ! disparue, mais dont les habitués de l'*Union médicale* conservent le plus cher souvenir !

Quel cordial accueil ! quel entrain ! quelles bonnes causeries ! sans compter les caresses, les gambades, les joyeux et désopilants ébats de deux magnifiques chiens du Danemark et des Pyrénées !

avec quel bonheur, et quels pittoresques détails,
nous eussions raconté notre excursion sur les bords
de la Creuse, à Gargillesse, au pays de saint Grelu-
chon, et nos ravissantes promenades, sous les frais
ombrages de la Villefranche, et tout le long des
pelouses et des corbeilles de fleurs, au milieu
desquelles, la Diane de Gabies est debout, dans sa
noble prestance, et l'idéale majesté de sa sereine
et pudique beauté !

Ce livre ne sera donc que le récit exclusif d'un
grand voyage en Espagne et en Portugal ; nous
représenterons ces pays, tels qu'ils sont, tels que
nous les avons vus, jugés et compris ; le roman,
l'imagination n'auront aucune part dans nos descriptions ; nous resterons toujours dans la stricte
et rigoureuse réalité des choses. Sur les bords du
Tage et du Guadalquivir, sous les orangers et les
camélias de Cintra, et sous les palmiers d'Elché ;
dans les incomparables cathédrales de Burgos, de
Tolède, de Cordoue et de Séville, comme dans les
palais mauresques de l'Alcazar et de l'Alhambra ;
dans les jardins du Généralife, et les voluptueuses
demeures des Califes et des Sultanes, comme dans
les cloîtres austères de Philippe II, à l'Escurial,
et de sainte Thérèse, à Avila, nous serons ce que
nous avons toujours été, esclave de la *Vérité :* nous
serons VRAI, en toutes choses, et si nous n'avons pas
d'autre mérite, du moins nous aurons celui-là !

L'ESPAGNE

L'ESPAGNE

L'Espagne est un irrésistible attrait pour tous ceux que captive le plaisir des voyages; son soleil est si radieux! son atmosphère si diaphane! son ciel si pur et si bleu! De hautes montagnes, aux cimes dentelées et neigeuses, telles que la *Sierra Nevada*, limitent ses vastes environs, et se détachent, par leurs masses imposantes et l'éclat de leur blancheur, sur l'azur de son firmament.

Ses routes sont bordées, tantôt de gigantesques aloès, dont les tiges puissantes se dressent à droite et à gauche, semblables à des poteaux télégraphiques; et tantôt d'infranchissables haies de cactus, tordus, contournés, enroulés sur eux-mêmes, dans un impénétrable et inextricable enchevêtrement; leurs épaisses et larges raquettes, hérissées d'épines, de pointes acérées, sont enguirlandées d'une couronne de belles fleurs jaunes, que doit remplacer une pareille couronne de figues de Barbarie.

D'habiles irrigations, pratiquées au temps des Rois Maures, des eaux toujours limpides et courantes descendues des montagnes, et que divisent mille petits ruisseaux, entretiennent une merveilleuse fertilité. A côté des campagnes où mûrissent les moissons les plus

riches et les plus variées, où croissent et s'épanouissent
les vignes de Xérès et d'Alicante, d'autres champs, nouveaux jardins des Hespérides, émaillés d'œillets, de lys et
de roses, ont pour verdure et pour ombrage l'oranger
tout couvert de ses fruits d'or, le magnolia au feuillage velouté, aux corolles blanches et parfumées,
l'amandier, le mûrier, le grenadier, le laurier-rose,
le caroubier, au-dessus desquels le palmier balance
bien haut sa gracieuse aigrette, son panache élégant
et touffu de longues palmes flexibles et ondulant à
tous les souffles de l'air. Tel est le ravissant aspect de
l'Espagne, véritable paradis terrestre, dans l'Andalousie, et sur les rivages méditerranéens.

Ailleurs, dans les régions plus centrales, plus sèches
et moins favorisées, on trouve des bois de mélèzes,
de pins-parasol, alternant avec d'immenses, de monotones, d'interminables plantations d'oliviers, qui s'étendent de tous côtés, à perte de vue, et couvrent les plaines
et les coteaux de leurs teintes ternes, tristes et poussiéreuses; elles pourraient approvisionner d'huile l'univers tout entier. D'autres fois, ce sont des prairies où
paissent des troupeaux de chèvres, de bœufs, de mou-
tons, de cochons de toutes les tailles, de ces fougueux
et farouches taureaux noirs (*toros*), élevés pour les
courses et les combats du cirque (*corrida de toros*); ils
sont conduits par des hommes à cheval, armés de
piques d'une longueur démesurée.

Mais il y a aussi des contrées tout à fait déshéritées,
brûlées par un soleil dévorant et implacable, dans
lesquelles il ne pleut jamais, ou presque jamais; des

années entières se passent sans qu'il y tombe une goutte d'eau ; l'œil attristé n'y découvre que des plaines à l'infini, stériles, sans arbres, sans végétation et sans culture, bordées, dans le lointain, par les montagnes improductives, sombres et rocheuses de la *Sierra Guadarrama* et de la *Sierra Guadalupe;* la chaleur y est accablante, ce sont des déserts. A de longs intervalles cependant, on y rencontre quelques malheureuses chèvres, quelques pauvres ânes que l'on ne peut voir sans pitié, broutant une herbe desséchée, quelques misérables villages sans ombre, sans le moindre buisson, quelques stations de chemin de fer, dépourvues de toute resssource, et dont les gardiens ont plutôt l'air de mendiants que d'employés. Des nuages de poussière soulevés de toutes parts vous enveloppent, vous défigurent, blanchissent, noircissent, agglutinent vos cheveux, vous aveuglent, vous suffoquent, s'étendent comme un masque sur votre visage, et font de vous un je ne sais quoi méconnaissable qui n'est plus vous-même. Et quand, de Madrid à Lisbonne, on a traversé une pareille zone, et roulé à toute vapeur, pendant vingt-deux heures consécutives, dans une pareille atmosphère, avec quel empressement, à peine arrivé dans la capitale du Portugal, on court se plonger, s'immerger dans un bain !

Il s'en faut donc de beaucoup que l'Espagne soit, dans toutes ses parties, un pays d'aspect enchanteur.

Il en est de même de sa population, je n'ai jamais vu nulle part un nombre aussi considérable d'aveugles, de borgnes, d'yeux congestionnés, éraillés, d'ophthalmies de toute sorte ; c'est l'effet de l'ardeur des rayons du soleil et de leur éclatante réverbération, sur la blancheur des maisons, dans une atmosphère toujours sèche et sous un ciel sans nuage. La constitution, en général, est lymphatique, délicate, le teint pâle et la taille peu élevée. Les affections pulmonaires et les angines sont graves et fréquentes, car les vicissitudes de la température sont excessives. Le jour, la chaleur est intense, le thermomètre monte à 35, 40 degrés et au-dessus encore; le soir, aussitôt le coucher du soleil, elle s'abaisse brusquement et d'une manière si prononcée, qu'on se sent quelquefois tout morfondu.

Les nuits sont splendides, rien n'est délicieux comme leur fraîcheur, après les ardeurs de la journée; rien n'est beau comme le scintillement des étoiles sur ce ciel, d'une admirable limpidité. Aussi, c'est le soir, et jusque bien avant dans la nuit, que le mouvement, que la vie se répandent, se font sentir. Le coucher du soleil est comme le signal du lever des habitants des villes. Pendant la chaleur, on ne sort pas, on se tient soigneusement enfermé dans le *patio* des maisons. Mais le soir, c'est un réveil général ; de luxueux équipages, autour desquels caracolent d'élégants cavaliers, sillonnent les places et les promenades; les musiques se font entendre, les *gitanos* exécutent leurs danses pittoresques, au son de la guitare et des castagnettes, dans les *alaméidas* (promenades, jardins publics), qui se peuplent d'une foule animée, joyeuse et babillarde. Et quand, à une heure avancée de la nuit, tout est rentré dans le calme, alors le silence n'est plus troublé

que par les *Serenos*, gardiens et crieurs de nuit ; ils
veillent chacun au bon ordre de leur quartier, et de
demi-heure en demi-heure, on les entend chanter en
passant, d'une voix solennelle, grave et cadencée, une
prière à Dieu : *Alavaze a Dios !* (louange à Dieu), puis
une pieuse invocation à la Vierge : *Ave Maria purissima !* Après quoi, sur le même ton, lent et mélodieux,
ils disent quelle heure il est, si le temps est beau ou
mauvais : *es la una* (il est une heure), *sereno* (le ciel
est pur) ; *nublado* (le ciel est couvert de nuages) ; c'est
le moyen âge, avec son charme primitif et son parfum
de poésie religieuse et naïve.

Ce même charme et cette même poésie se retrouvent
dans les maisons. A Cordoue, à Cadix, à Séville surtout,
la perle de l'Espagne, elles sont blanches, carrées, à
un seul étage, avec *miradors* (balcons et encorbellements). La porte extérieure, toujours ouverte, permet
l'entrée d'un élégant vestibule dallé de marbres de
différentes couleurs. Au fond de ce vestibule qui rappelle l'*atrium* des anciens, est une porte toujours fermée ; cette porte, remarquable objet d'art, est une véritable dentelle de fer à claire-voie, ouvragée, ciselée
avec une merveilleuse délicatesse ; à travers ses nervures, ses arabesques, ses mille ornements, et tous
ses jours habilement ménagés, on aperçoit le *patio*.
Le *patio* est une cour, un parterre, un jardin à ciel
ouvert, dans l'intérieur même de la maison. Tout à
l'entour, règne une galerie, une sorte de cloître, ovale,
circulaire, carré le plus souvent, et à quatre faces,
soutenu par d'élégantes colonnes de marbre, à chapi-

teaux finement sculptés, et dorés quelquefois. Au centre, une fontaine jaillissante entretient une agréable fraîcheur, et retombe de vasque en vasque en pluie cristalline, dans un bassin, où de petits poissons prennent leurs ébats. Des orangers, des palmiers, des buissons de roses, de myrthes, de géraniums, au milieu desquels voltigent des oiseaux, embaument l'air, reposent et réjouissent les yeux. Des guirlandes, des projections de fleurs et de feuillages, forment comme un dôme d'ombre et de verdure, au-dessus duquel un *velum* mobile, qui se déplie et s'étend à volonté, arrête les rayons du soleil. Des sièges, des tables, un piano sont disposés dans le *patio* et dans les galeries de pourtour, où, le soir, des lustres de cristal répandent une douce et délicieuse lumière. Tel est l'appartement, tel est le salon d'été; c'est là que se passent les journées et les soirées; c'est là qu'à l'abri de la chaleur on se réunit pour travailler, jouer, causer, faire de la musique. Combien de fois, en passant, ne nous sommes-nous pas arrêtés pour fouiller de nos regards curieux et indiscrets, à travers la dentelle de fer de leur gracieuse porte de clôture, ces mystérieux et ravissants *patios*, qui varient de forme, d'élégance et d'étendue, suivant l'importance et la richesse des maisons !

Ne faisons pas cependant l'Espagne plus belle qu'elle est réellement, les *patios* n'existent guère que dans les villes méridionales. Dans les villes du nord et du centre, les maisons, semblables aux nôtres, en sont par conséquent dépourvues. Dans la plupart des villes, les rues, en raison de la chaleur, sont d'une excessive étroitesse;

souvent, c'est à peine si une voiture peut s'y engager, et des voiles épais attachés, d'un côté à l'autre, au sommet des maisons, les transforment, pendant les heures les plus chaudes, en galeries couvertes et impénétrables au soleil.

Les costumes ont aussi leur pittoresque originalité. Pour peu qu'il y ait dans l'air la moindre fraîcheur, les hommes endossent la *Cappa*, manteau de drap noir à collet rond. Les gens distingués et d'une mise soignée se drapent dans ses larges pans avec la dignité de nobles *hidalgos*. Mais sur les pauvres et les mendiants, la *cappa* n'est plus qu'une véritable loque, qu'une informe et grotesque rapsodie de pièces et de nuances disparates. Les prêtres, quelle que soit la chaleur, portent toujours un *pardessus;* c'est un immense manteau noir, dont l'ampleur large et flottante les enveloppe tout entiers, des pieds à la tête. Les femmes ont pour coiffure une mantille de tulle, de dentelle ou de soie, fixée au sommet de la tête; elle encadre leur visage, se croise sur leurs épaules et descend jusqu'à leur ceinture; leur robe est noire comme la mantille, cette mise, quelque peu monacale, leur donne un air à la fois pudique et coquet, du plus charmant effet. A l'église, en voiture, dans les rues, dans les promenades, dans les appartements, elles sont inséparables de leurs vastes éventails, qu'elles ouvrent, qu'elles déplient, qu'elles agitent, dont elles jouent avec une incroyable et merveilleuse agilité. A Madrid, à Cadix, à Séville, nous avons vu des femmes d'un type admirable : chevelure noire et opulente, grands yeux, d'un noir doux et velouté; regard caressant, enjoué, provoquant quelquefois; nez légèrement aquilin, taille moyenne, bien prise, bien dessinée; telles sont, dans leur magnifique beauté, les Madrilènes, les fières Castillanes, les gracieuses Andalouses.

Mais il ne faut pas croire que toutes les femmes aient ce cachet idéal, et ces formes si parfaites; le plus souvent, au contraire, comme les hommes, et plus encore que les hommes peut-être, elles offrent le décevant tableau de toutes les imperfections humaines, et de tout le laisser-aller de la tenue la plus négligée et de l'accoutrement le moins soigné. En Espagne, la propreté n'est pas la vertu dominante; le peuple, en général, est sale, nonchalant, débraillé. En plein jour, des hommes déguenillés, la cigarette à la bouche, restent appuyés, accroupis le long des murs, dans le plus complet désœuvrement; des femmes sont assises devant les maisons, et se peignent, les unes les autres, au milieu des ordures. Les rues sont poussiéreuses, mal balayées, jonchées de détritus sordides; on y respire des odeurs nauséeuses d'ail, d'huile et de graisse. Ce pays est une pâture pour le choléra.

Les intérieurs ne sont ni plus propres ni plus avenants. Dans les villes, de deuxième ou troisième ordre, les *fondas* (hôtels, buffets de chemins de fer), les *posadas* (auberges), sont habituellement de vrais repoussoirs. La nourriture y est écœurante, mal servie, et à saveur d'huile rance, d'oignon, d'ail et de piment. Le linge de table, qui a pu être propre, mais qui a cessé d'être blanc, témoigne, par des teintes vineuses et des taches

de toute nature et de toutes couleurs, qu'il est depuis longtemps en usage, et que de nombreux voyageurs ont passé
par là. Où sont les splendides hôtels de Suisse et d'Allemagne, et les délicieux petits hôtels de Suède et de
Norwège, si fleuris, si proprets et si attrayants, dans
leur coquette simplicité? Ce n'est que dans les villes
de premier ordre, à Madrid, à Cordoue, à Grenade, à
Cadix, à Séville, à Barcelone, où l'on peut trouver des
hôtels convenables et ne laissant rien à désirer.

Dans les rues, dans les *alameidas* (promenades), à
l'entrée, à la sortie des édifices religieux ou autres, on
est harcelé, traqué par des hordes de mendiants de tout
âge et de tout sexe, qui vous poursuivent, en exhibant,
pour vous attendrir, les plus hideuses mutilations, les
plus répugnantes difformités. Mais, dans l'intérieur de
ces édifices, c'est bien autre chose. Supposez, chers
lecteurs, que vous visitez une de ces grandes cathédrales, dont nous vous parlerons plus tard ; votre guide
vous avertit, ce que vous savez déjà, que quelques-
unes des chapelles renferment des objets d'art, d'une
valeur inestimable ; mais elles sont fermées.

— Ouvrez-les, dites-vous.

— Je n'en ai pas la clef, vous répond-il. — Un individu que vous n'aviez pas remarqué, mais qui vous
avait vus et suivis, entend le colloque ; sans aucune mission de votre part, il va quérir le sacristain, et reparaît bientôt, accompagné d'un gros homme, porteur
d'un trousseau de clefs, qui vous ouvre la chapelle. Alors
votre guide vous montre un rideau vert, derrière lequel
est un des plus célèbres tableaux de l'école espagnole

— Tirez donc ce rideau, dites-vous au porte-clefs.

— Señor, Señora, vous répond-il, du ton le plus poli, cela ne me regarde pas ; c'est l'affaire du sacristain de la chapelle, moi je ne puis qu'ouvrir la porte, et je l'ai ouverte !

Pendant que vous exhalez votre mauvaise humeur, le même individu qui, tout à l'heure, a fait venir le porte-clefs, amène cette fois le vrai sacristain, lequel, très obligeamment, tire le rideau et vous montre le tableau !

Dans une des chapelles voisines, se trouve un autre chef-d'œuvre, mais il est couvert d'un drap rouge.

— Enlevez ce drap rouge, dites-vous, en vous adressant collectivement aux trois sacristains, restés à vos côtés.

— Señor, Señorita, nous n'en avons pas le droit, cela regarde un de nos collègues, sacristain titulaire de cette chapelle.

— Qu'on aille donc le chercher !

Le collègue titulaire arrive, après un moment d'attente, enlève le drap rouge, et découvre le chef-d'œuvre.

Vous voulez naturellement visiter la grande salle capitulaire et le trésor ; mais les quatre sacristains vous déclarent, d'une même voix, et avec un parfait ensemble, qu'il n'est pas en leur pouvoir de vous y faire entrer ; un cinquième sacristain spécial est absolument indispensable ; il faut le subir et se résigner ! et vous voilà, bon gré mal gré, escortés, en plus de votre guide, de cinq vampires, obstinément attachés à vos pas, auxquels vous allez être obligés de faire une large distribution de *pesetas* [(pièces de un franc). Il en est ainsi partout; vous entrez dans un musée; un gardien accourt à votre rencontre, et s'empresse de vous donner des explications, que vous ne lui demandez pas, dont vous n'avez nul besoin, et auxquelles, d'ailleurs, vous ne pouvez rien comprendre, puisque vous ne savez pas l'espagnol, et qu'il ne sait pas un traître mot de français; vous lui enjoignez de se retirer et de se taire; il n'en fait rien, au contraire, il vous suit de plus près, vous parle plus fort encore, et bientôt vous tend la main pour recevoir un *peseta!*

Mais qu'est-ce que cela? et que sont tous ces petits ennuis, en comparaison de tous les genres de merveilles offerts à votre admiration? Merveilles de la peinture et de la sculpture! les églises, les musées en repaissent les yeux; on y trouve les œuvres capitales, non seulement des plus grands maîtres de l'Espagne, Murillo, Vélasquez, Zurbaran, Ribeira, Pedro Campaña, Alonzo-Cano, Herrera, Montañès, mais encore les plus illustres représentants des autres écoles : Raphaël, Titien, Paul Véronèse, Tintoret; notre Poussin, notre Claude Lorrain, notre Rigaud, notre Watteau; Rubens, Rembrandt, Van-Dick. — Merveilles de l'architecture! Ce sont les mosquées, les palais construits par les Maures, pendant les sept ou huit siècles de leur domination sur l'Espagne ; la mosquée de Cordoue, l'Alhambra de Grenade, l'Alcazar de Séville; les fameuses cathédrales de Tolède, de Séville, de Burgos, de Cordoue, de Grenade, de Barcelone, splendides et gigantesques monuments, où tous les arts ont accumulé des prodiges de patience, de délicatesse, de hardiesse, de magnificence et de génie; il y a là des richesses inouïes, en or et en argent, d'incomparables chefs-d'œuvre, en bois, en pierre, en marbre, en fer, en bronze, en vitraux, du coloris le plus harmonieux. Les guerres civiles, les révolutions ont bouleversé l'Espagne, mais elles ont respecté tout ce qui est du domaine de l'art, de l'histoire et de la religion. Les gouvernements ont été renversés, mais les églises et les demeures royales sont restées debout, intactes, avec tous leurs ornements et toute leur beauté primitive; hélas! pourquoi n'en a-t-il pas été de même en France? Depuis nos cathédrales ravagées et défigurées en 93, jusqu'aux Tuileries, incendiées pendant la Commune, que de trésors nous avons sottement détruits! et par quels actes de honteux et stupide vandalisme ne nous sommes-nous pas déshonorés, aux yeux de la civilisation!

Les cathédrales d'Espagne ont une disposition intérieure, toute particulière, toujours la même, et qui leur donne un aspect essentiellement différent de l'aspect intérieur de nos églises. Le chœur est situé dans la grande nef, dont il occupe toute la largeur, et les deux tiers environ de la longueur. Il a, pour clôture, sur trois de ses faces, une enceinte de pierres, de marbre de la plus luxueuse ornementation. Son entrée est sur sa quatrième face, en bordure de la nef transversale, et dans tout l'espace compris entre les deux derniers piliers de la grande nef. Elle est fermée par une grille monumentale de fer, de bronze, dorée, ouvragée, cisclée

avec un art infini. Cette grille, d'une très grande élévation, d'un travail exquis, présente, dans toute l'étendue de son immense surface, d'innombrables détails,
traités avec une richesse de conception, et une perfection d'exécution que l'on ne peut trop admirer. Une
autre grille, de dimensions semblables, lui correspond
de l'autre côté du transept, et défend l'accès du sanctuaire et du maître-autel.

Il y a donc, en réalité, deux chœurs, placés en regard l'un de l'autre : le premier, dans la nef, est celui
des chanoines et des choristes ; le second est le sanctuaire, dont les nombreux degrés montent à l'autel.
Ces deux chœurs, séparés par la largeur du transept,
ou nef transversale, sont reliés l'un à l'autre par une
double balustrade, à hauteur d'appui, qui ménage
entre eux la libre communication nécessaire aux
cérémonies, et dont le clergé a besoin, pour passer
de l'un à l'autre, pendant les offices. Les assistants se
tiennent dans l'espace compris entre les deux chœurs,
à droite et à gauche de la balustrade, debout, à genoux,
accroupis, ou assis à terre sur les dalles, puisqu'il n'y
a ni bancs ni chaises : quelques dames cependant ont
un petit pliant, qu'elles portent à leur bras, et sur lequel elles se placent, tenant d'une main leur livre de
prières ou leur chapelet, et de l'autre agitant leur
éventail. Si, pendant l'office, on regarde le chœur, où
les yeux sont attirés par les chants, par les cérémonies
et par la réunion de tous les prêtres, on tourne par
cela même le dos à l'autel, et alors un employé de
l'église, vigilant et toujours l'œil au guet, arrive, vous

frappe sur l'épaule, et vous avertit d'avoir à faire volte-face.

La décoration du chœur est de la plus grande magnificence. Extérieurement, nous l'avons dit, il est entouré de marbres précieux et de vastes compositions sculpturales et décoratives; à l'intérieur, il est garni d'une double, et quelquefois d'une triple rangée de stalles d'un travail merveilleux. On y lit, ciselée, sculptée sur le bois de cèdre ou d'ébène, avec une netteté, une finesse exquises et un prodigieux talent, l'histoire de l'Ancien et du Nouveau Testament, l'histoire de l'Espagne, la défaite, l'expulsion des Maures, par Isabelle la Catholique et le roi Ferdinand V, son mari, assistés, dans toutes les batailles, par le courageux et célèbre cardinal Mendoza. Ces stalles admirables, couronnées par une dentelure d'arabesques, de statues, de flèches, de clochetons, d'une délicatesse incomparable, sont surmontées, à droite et à gauche, de deux buffets d'orgues, dont les somptueux encadrements atteignent la hauteur des grandes fenêtres. Le trône des archevêques est placé majestueusement au fond du chœur, et en face de la grille d'entrée; le lutrin en occupe le centre; c'est un véritable monument, d'un travail artistique remarquable et de proportions colossales : il supporte les livres de chant, qui n'ont pas moins d'un mètre, et dont les feuillets, d'un riche parchemin, sont enrichis de délicieuses peintures, telles qu'on savait les faire aux quinzième et seizième siècles, aux grands règnes d'Isabelle la Catholique, de Charles-Quint, de Philippe II.

Le sanctuaire est entouré, comme le chœur, de grilles, de statues et de sculptures. Derrière l'autel s'élève et se déploie, avec une magnificence sans égale, et jusqu'aux grandes voûtes quelquefois, le rétable, qui, par son importance, ses vastes proportions et sa beauté, attire tout d'abord l'attention. Tantôt il captive les yeux par de splendides ornements décoratifs, qui encadrent des chefs-d'œuvre de Murillo, de Velasquez, de Ribeira ; tantôt ce sont des colonnes et des coupoles de marbres précieux, fournis par les montagnes de la Sierra Nevada ; d'autres fois, ce sont d'admirables statues d'Alonzo-Cano, de Montañés, d'Herrera, représentant le divin Rédempteur, dans les différentes phases de la passion, ou dans le triomphe de sa résurrection et de son ascension ; la vierge Marie, dans le rayonnement de sa gloire, ou dans les angoisses de ses douleurs ; des saints, dans les tortures du martyre, ou dans les joies du ciel. Souvent aussi ce sont des phalanges innombrables d'anges, de saints, de saintes, sculptés en pierre, en bois, en bronze, en marbre, et reproduisant des scènes bibliques, ou évangéliques. Tous les autels, grands et petits, ont leur rétable ; et dans ces rétables, où l'éclat de l'or rehausse habituellement les magnificences de la peinture et de la sculpture, on retrouve le souvenir des fastueux iconostases de la Russie.

Les cathédrales d'Espagne sont donc infiniment plus riches et plus ornées que nos cathédrales de France ; mais, par le fait d'un chœur fermé, au milieu de la nef, la perspective y est coupée, et manque de profondeur ;

on n'en voit pas, on n'en comprend pas, à première
vue, toute la grandeur ; les yeux, dès l'entrée, ne peuvent pas en embrasser les vastes dimensions, ni pénétrer dans les mystérieux lointains de l'abside, et des
nefs les plus reculées. A Notre-Dame de Paris, à l'ab-
baye de Saint-Denis, à Notre-Dame de Reims, à Saint-
Pierre de Troyes, on saisit, d'un premier coup d'œil,
toute l'étendue de l'édifice, ses vastes et harmonieuses
proportions, et l'imposante majesté de son magnifique
ensemble. Dans les cathédrales d'Espagne, au contraire, la perspective s'arrête à la clôture du chœur ;
on est ébloui, c'est vrai, par la splendeur de l'ornementation, par le nombre et la richesse des détails,
mais ce n'est qu'à seconde vue, et en s'avançant davantage, qu'on peut entrevoir le plan, et comprendre
les développements et la splendeur de l'ensemble.

Les cloches, ces chanteuses aériennes, ces voix
harmonieuses de l'espace, ont aussi, en Espagne, un
caractère particulier. En Russie, nous le disions, dans
la quatrième série des *Vacances d'un Médecin*, leur
poids est énorme ; elles sont fixes ; aucun mouvement
ne peut leur être imprimé ; le battant seul remue ; c'est
lui, *la langue de la cloche*, comme on l'appelle si poéti-
quement, qui la fait *parler*, en oscillant dans le vide
de sa vaste et immobile envergure ; en Espagne, au
contraire, les cloches sont petites, suspendues aux
parois des tours, dans des galeries à ciel ouvert, et
visibles à tous les yeux. Mises en branle, non seulement,
comme en France, elles sonnent à toute volée, on les
voit, de plus, tourner, pivoter complètement sur elles-

mêmes, exécuter les plus étranges voltiges, les plus folles cabrioles. Mais ces carillons babillards sont loin de charmer les oreilles, comme nos cloches françaises, par de mélodieux accords, bien loin surtout d'avoir les sons graves et imposants des bourdons de nos vieilles cathédrales, quand, aux grands jours de fête, ils ébranlent les airs de leurs puissants et majestueux retentissements.

La richesse des cathédrales se retrouve, à des degrés divers, dans toutes les églises, même les plus petites, et jusque dans les chapelles des hôpitaux. Ce sont, partout, de somptueuses décorations, des ornements d'argent massif, des statues, des tombeaux historiques, sculptés dans le marbre, avec un art merveilleux ; des tableaux, dont quelques-uns sont des chefs-d'œuvre ; des madones couronnées de pierres précieuses, habillées de vêtements d'or et d'argent ; elles sont placées sur des trônes, et entourées des plus magnifiques tentures ; ce sont, au-dessus de tous les autels, des retables étincelants d'or, où les yeux se perdent, au milieu d'une incroyable multitude de détails, pour lesquels d'éminents artistes ont déployé toutes les ressources de leur imagination, de leur patience et de leur génie.

L'Espagne possédait autrefois de nombreux couvents, dont la plupart, aujourd'hui, sont inhabités et abandonnés ; les religieux des différents ordres qui les occupaient, et qui les avaient édifiés, en ont été expulsés. Quelques-uns de ces monastères rappellent les plus intéressants souvenirs historiques, tel est le monastère des Hiéronymites de Saint-Just, dans l'Estramadure, où Charles-Quint se retira, en 1556, après son abdication ; tel est l'Escurial, à la fois monastère, palais et tombeau des Rois, où Philippe II passa plusieurs années de sa vie, où il mourut en 1598. Quelques autres, comme la Chartreuse de Grenade, sont remarquables par la grandeur et la magnificence de leurs églises. Nous y avons vu des merveilles de richesses décoratives ; des marbres splendides de la Sierra Nevada, des œuvres d'art, d'une perfection inimitable, pour lesquelles le même religieux avait consumé, dans le silence de la retraite et du travail, trente années de sa pieuse et laborieuse existence ; d'autres, comme la Chartreuse de Miraflores, auprès de Burgos, renferment des chefs-d'œuvre de sculpture, des tombeaux de marbre, en présence desquels on reste stupéfait d'admiration. Sur les murs de plusieurs de ces églises on nous a montré les places, vides actuellement, des tableaux qui les couvraient autrefois. Un grand nombre de ces tableaux, dont quelques-uns avaient une immense valeur, ont été enlevés par les Français, dans la guerre de 1808. Le maréchal Soult, en particulier, s'en était fait une galerie, dans laquelle figurait, entre autres chefs-d'œuvre, la fameuse *Assomption* de Murillo, achetée 600,000 francs, aux héritiers du maréchal, par le gouvernement de Napoléon III, et placée maintenant dans le grand salon carré du Louvre.

Dans quelques-uns de ces monastères, comme à la Chartreuse de Miraflores, comme à l'Escurial, comme à Notre-Dame d'Atocha, on trouve encore des religieux, mais dans la plupart des autres il n'y en a plus un seul ; on a fait du monastère une caserne, un hôpital, une administration quelconque ; l'église, désormais inutile et sans objet, reste fermée ; si elle est remarquable à quelque titre, on la visite, comme une simple curiosité, sous la conduite d'un gardien, sinon elle est abandonnée et tombe en ruines, à moins qu'elle ne soit devenue un magasin ou un marché !

En présence de ces profanations, de ces dépouillements contraires à toute morale et à toute justice, nous avons ressenti la même tristesse et la même indignation dont nous avions été pénétrés, en Italie, aux Chartreuses de Naples et de Pavie ; en Sicile, au cloître des Bénédictins de Montréal ; en Portugal, au cloître des Hiéronymites de Bélem ; en France, au Mont-Saint-Michel, et ailleurs encore. Nous nous disions : il y avait là des hommes qui s'étaient volontairement retirés du monde, pour mieux s'adonner à la prière et à l'étude ; ils avaient tous les mérites et tous les dévouements ; leur vie se passait, sous l'œil de Dieu, dans un travail incessant ; c'étaient des savants ; ils écrivaient des livres qui sont des mines inépuisables de science et d'érudition ; ils élevaient la jeunesse, la formaient à toutes les vertus, l'éclairaient de toutes les lumières ; ils produisaient, dans tous les genres, des œuvres d'art, qui s'imposent à notre admiration, et que tous nos musées se disputent ; ils cultivaient, avec un égal succès, l'éloquence, l'histoire, la poésie, la littérature ; ce sont eux qui ont su, à travers des siècles d'ignorance, nous conserver les trésors des antiquités grecque et romaine ; en même temps, ils défrichaient, ils cultivaient les terres, nourrissaient les pauvres, évangélisaient les populations, et construisaient des cloîtres, dont la beauté ne sera jamais dépassée, de merveilleuses églises, de splendides monuments, titres sacrés et inaliénables de richesse et de gloire pour leur pays, et on les a odieusement dépossédés et chassés !

Certes, l'époque qui a vu naître les cathédrales de Burgos, de Tolède, de Séville, tant d'autres églises et tant de célèbres monastères a été, pour l'Espagne, une grande et magnifique époque religieuse et artistique. Quelle foi ardente, quel pieux enthousiasme et quel génie ne fallait-il pas pour concevoir, pour entreprendre de pareils ouvrages, et pour en faire de pareilles merveilles !

Cette foi ardente, nous allions presque dire cette passion religieuse, nous la trouvons vivante dans les Rois, et chez d'illustres personnages. Au treizième siècle, le roi Ferdinand III, vainqueur des Musulmans, qu'il chasse de Séville, de Cordoue, de Xérès, de Cadix, mérite par ses vertus d'être mis au rang des saints, et nous avons vu son tombeau d'argent resplendir sur un des autels de la cathédrale de Séville. Au quinzième siècle, rayonnent, avec un magnifique éclat, les grandes figures de Ferdinand V et de la reine Isabelle sa femme, tous deux victorieux des Maures, qu'ils expulsent définitivement de l'Espagne, après la prise de Grenade en 1492 ; l'histoire les a réunis sous le même nom et

confondus dans la même gloire, en les appelant les
Rois catholiques. Au seizième siècle, Charles-Quint
soutient vigoureusement le catholicisme contre les
attaques de la réforme, et passe, après son abdication,
les deux dernières années de sa vie au couvent de
Saint-Just, dans l'Estramadure, où il meurt en 1558.
Son fils, Philippe II, défenseur non moins ardent de la
religion catholique, bâtit l'Escurial; il en fait sa résidence habituelle; nous y avons vu sa stalle, dans le
chœur des moines, et sa chambre à coucher, de laquelle,
vieux et malade, il pouvait, de son lit, suivre les offices,
voir et entendre le prêtre à l'autel.

Dans le même siècle, Ignace de Loyola, issu d'une
grande et riche famille de la province de Guipuzcoa,
se livrait à toutes les austérités, à toutes les pratiques
de la dévotion la plus fervente; il instituait, en 1534,
l'ordre des Jésuites, définitivement approuvé par le
pape Paul III, en 1540. Au même siècle encore, naissait,
à Avila, en 1515, d'une famille noble et opulente, une
enfant qui devait être sainte Thérèse, la réformatrice
des Carmélites. De 1562 à 1582, année de sa mort, elle
fondait et réformait de nombreux couvents de femmes,
un entre autres à Séville, que nous avons visité : on
y conserve comme une relique son manteau de laine
blanche; on voulut bien nous le montrer, le déplier
devant nous, et même, par une faveur toute spéciale, le
mettre sur nos épaules. Cette sainte fut canonisée, en
1621, par le pape Grégoire XV, qui l'appelait un *Docteur de l'Église*; elle avait, en effet, composé plusieurs
ouvrages, remarquables par les sentiments de la piété

la plus tendre et la plus élevée; Arnaud d'Andilly, le savant et vénérable solitaire de Port-Royal-des-Champs, les a traduits en français.

Aujourd'hui, sous le rapport religieux, l'Espagne a dégénéré; et cependant elle a conservé des usages, des traditions, des dehors, des apparences extérieures, que la France a malheureusement perdus. Ainsi, à Madrid, un soir, à la nuit tombante, les sons cadencés d'une cloche attirent notre attention, et nous voyons passer, sous les fenêtres de notre hôtel, à la *Puerta del sol*, une voiture escortée de personnages portant des flambeaux allumés, c'était le Saint-Viatique que l'on conduisait chez un malade; à Cordoue, un matin, la procession du Saint-Sacrement parcourait les rues, tandis que les cloches de la cathédrale sonnaient à toute volée, et que, des maisons, ornées d'élégantes draperies, une pluie de fleurs tombait sur son passage; des soldats, des officiers la précédaient et la suivaient en grand uniforme; des magistrats, en costume officiel, marchaient sur deux rangs, un cierge à la main; une musique militaire faisait entendre de suaves mélodies, qui alternaient avec les chants sacrés; la population se tenait, partout, respectueusement agenouillée. A Séville, le jour de l'arrivée de l'archevêque nouvellement nommé, le cardinal Severino Gonzalès, tous les *miradors* (balcons) étaient couverts de tentures des couleurs les plus variées, c'était une fête générale. La procession des chanoines, du clergé des vingt-cinq paroisses, des autorités de la ville, précédée de la croix, avait peine à se frayer un passage à travers les

flots d'une foule énorme, qui, sur la grande place du
palais archiépiscopal, se pressait, s'inclinait pieusement,
pour baiser l'anneau du prélat, et recevoir sa bénédiction.

Sans doute c'était un beau, un émouvant spectacle,
auquel, hélas! nous ne sommes plus accoutumés dans
notre France républicaine et mécréante, qui n'a plus le
sentiment des choses de la religion, et qui n'en comprend même plus ni le charme ni la sublime poésie.
Mais, avouons-le, malgré ces démonstrations extérieures, l'Espagne ne nous a pas paru présenter les
caractères d'un pays solidement et pratiquement
religieux.

Tous les jours, dans toutes les villes, dans toutes les
cathédrales, on chante matines, prime, tierce, la
grand'messe, sexte, none, vêpres, complies; mais ces
offices sont célébrés avec une désinvolture, une rapi-
dité qui leur enlèvent toute dignité; c'est un flux,
plutôt qu'un chant; c'est un train lâché à toute vapeur,
pour arriver plus vite au but. Un chanoine de Barcelone auquel nous exprimions nos fâcheuses impressions
à cet égard nous disait, pour toute raison, que *c'était
l'usage* de chanter avec cette volubilité dont nous
paraissions offusqués; *propter consuetudinem* (ce sont
ses expressions), car ne pouvant nous comprendre
dans nos langues maternelles, nous avions recours à
la langue latine.

Non seulement ces offices manquent de la dignité
qui distingue nos offices de Paris, mais ils manquent
surtout d'assistants. Il est triste de voir ces grandes, ces

immenses basiliques, quelquefois presque désertes; on n'y compte qu'un petit nombre de fidèles épars, disséminés, et comme perdus dans leur vaste étendue.

Apparent rari nantes in gurgite vasto.

Les prêtres n'ont pas, habituellement, dans leur tenue, cet air de gravité, de recueillement et de piété que nous trouvons chez nos prêtres français. Dans les églises, et même pendant les offices, leurs yeux et leurs têtes tournent à tout vent, et leur physionomie, riante et distraite, n'annonce pas toujours que leurs pensées, détachées de la terre, s'élèvent vers le ciel, comme le parfum de l'encens, *sicut incensum in conspectu tuo*. Mais, suivant la parole du divin Maître, ne jugeons pas, si nous ne voulons pas être jugés nous-mêmes.

Le peuple espagnol est, généralement, bon, doux, obligeant et poli; on n'entend pas, dans les rues, ces propos malsonnants, grossiers et injurieux, dont nos cochers de Paris, en particulier, sont si prodigues. Avez-vous, par inadvertance, coudoyé, heurté, un passant, c'est lui qui s'excuse; il vous fait un gracieux sourire, et vous tend affectueusement la main.

Demandez-vous un renseignement? On quitte tout, avec empressement, et de la manière la plus courtoise, pour vous le donner. A Valence, je me trouvais égaré dans un dédale de rues très étroites; un prêtre qui passait, s'aperçoit de mon embarras, s'enquiert de l'endroit où je veux aller:

« C'est très loin, me dit-il; vous vous perdriez; venez avec moi, je vous y conduirai. »

La course était longue, en effet, et la chaleur accablante ; l'heure me pressait, il fallait se hâter ; ma figure était en feu, ruisselante et d'un rouge caroubier ; l'excellent prêtre, discrètement, se procure une petite bouteille de limonade gazeuse ; tout en marchant et sans nous arrêter, pour ne pas me causer de retard, il en fait sauter le bouchon, et me la présente, avec l'air épanoui d'un homme heureux d'être agréable, et de rendre un service.

L'ivrognerie est un vice à peu près inconnu en Espagne ; on n'y voit pas, comme dans les villes du nord, comme à Paris, des marchands de vins et de liqueurs, presque à chaque pas. Il y a bien quelques boutiques au-dessus desquelles on lit : *refrescos ; vinos y licores ; vinos y aceites ;* mais ce sont des maisons où l'on s'approvisionne, sans y boire. Le soir, si l'on va dans un café, ou dans une *fonda* (hôtel), pour entendre de la musique, ou voir danser des *gitanos*, au son de la guitare et des castagnettes, on se contente de prendre de la limonade, ou du chocolat, l'une des friandises les meilleures et les plus justement renommées de l'Espagne. Ce que l'on boit le plus, c'est de l'eau pure et limpide ; elle est contenue dans des *alcarazas*, qui lui conservent une délicieuse fraîcheur ; des marchands vous en offrent partout, dans les rues, dans les *alameidas* (promenades), aux stations de chemin de fer, en criant : *Agua fresca, Agua fresca!*

Avec leur caractère placide et leurs habitudes sobres et rangées, comment comprendre l'amour effréné des Espagnols pour les combats de taureaux (*corridas de toros*)? Toutes les villes ont leur cirque, où se pressent dix, quinze, vingt mille spectateurs. Comment s'imaginer que ces femmes, à l'air si calme et si noble, au regard si velouté, puissent assister à de pareilles scènes, repaître leurs yeux si doux de pareils spectacles, saluer de leurs acclamations enthousiastes, et de leurs frénétiques applaudissements, ces abominables tueries de taureaux, de chevaux et d'hommes, quelquefois? Comment concevoir que les artistes de ces drames sauvages et sanguinaires, que des *torreros*, que des hommes qui s'appellent *Lagartijo*, *Frascuelo*, *Mazzantini*, soient les idoles, la passion de tout un peuple? que leurs portraits s'étalent dans toutes les vitrines, se pavanent sur tous les éventails? qu'ils gagnent, annuellement, des sommes de cent cinquante à deux cent mille francs, et qu'ils soient devenus archi-millionnaires? Ah! chers lecteurs, il y a des choses que l'on ne comprendrait pas, si on ne les voyait pas; il faut les voir pour les croire.

Et, puisque nous en sommes aux excentricités des Espagnols, comment expliquer les combats de coqs? comment Séville, la perle de l'Espagne, la ville de tant d'élégance et de tant de chefs-d'œuvre peut-elle s'oublier à ce point? Nous avons voulu nous faire une idée de ce hideux spectacle, que nous voulons vous raconter, ne fût-ce que pour nous punir, nous-mêmes, d'avoir cédé à l'attrait de cette écœurante curiosité.

Figurez-vous donc un petit amphithéâtre circulaire; au centre, et dans le bas, une arène entourée d'une grille de fer, et tout à l'entour, des banquettes en gradins. Deux coqs sont apportés et mis en présence dans cette arène, où va se livrer le combat. Ennemis acharnés, à la vue l'un de l'autre, leur fureur est surexcitée ; ils se mettent en bataille, le cou allongé, les yeux étincelants de haine, les plumes hérissées. Un instant, ils se regardent, immobiles, c'est le prélude de la mêlée : ils se précipitent l'un sur l'autre, et s'attaquent aux endroits vulnérables, à la tête et au cou, avec une rage, un acharnement indescriptibles ; ils n'ont pour arme que leur bec, mais c'est une arme aiguë, acérée, terrible, et dont ils se servent avec une habileté féroce ; ils se crèvent les yeux, se fendent, se pourfendent, s'ouvrent le crâne, se déchirent, se morcèlent le cou ; leur sang coule, ils en aspergent les assistants ; nos vêtements en sont maculés. Pendant ce temps-là, les spectateurs trépignent d'aise et d'émotion, qu'ils expriment avec une bruyante énergie ; leurs jambes, leurs bras sont agités de mouvements violents et désordonnés ; d'un bout à l'autre de la salle, ils s'interpellent, parient, prennent parti pour l'un, contre l'autre des athlètes, les stimulent de leurs cris, de leurs applaudissements, jusqu'à ce que l'un des deux, épuisé, meurtri, ensanglanté, à bout de forces, tombe sans mouvement, pour ne plus se relever ! Le vainqueur, presque mourant lui-même, rassemble le peu de vie qui lui reste encore, fait un suprême effort, et chante de son dernier chant, sur le cadavre de son rival, sa hideuse victoire.

C'est horrible ! mais les *corridas de toros* le sont-elles moins ? Est-ce donc un spectacle bien réjouissant de voir de malheureux chevaux éventrés, se traîner douloureusement, et à coups de cravache, dans l'arène, en perdant leur sang et leurs intestins, jusqu'à ce qu'un nouveau coup de corne les ait achevés? le cavalier n'ayant jamais d'autres chances de sauver sa vie qu'en sacrifiant la vie de son cheval. Et que dire de ces tonnerres d'applaudissements, de ces transports d'enthousiasme qui éclatent avec frénésie de toutes parts, à la vue de la lutte homicide et insensée d'un homme avec un taureau? Sans doute cet homme est superbe, magnifiquement vêtu, taillé comme un Apollon du Belvédère. Sans doute il est d'une prestesse étonnante, d'un courage à toute épreuve, d'une audace inouïe, qui nous fait frissonner, d'un sang-froid prodigieux, d'une force herculéenne et d'une habileté merveilleuse ; mais le taureau, lui aussi, est agile, rapide, foudroyant dans ses allures ; c'est une bête féroce en fureur, c'est un ouragan déchaîné ; il brise, renverse tout, bondit avec une impétuosité brutale, sauvage, irrésistible ; il peut à chaque instant pourfendre son adversaire, le lancer en l'air, le déchirer de ses cornes, l'écraser sous ses pieds, et cela arrive ! Or, si, chrétiennement, il n'est pas permis à des hommes de jouer avec leur vie, il n'est pas davantage permis à d'autres hommes d'encourager, par leur présence et leurs applaudissements, ce jeu défendu. L'ère régénérée du christianisme n'admet plus le *morituri te salutant* des anciens gladiateurs romains ; elle ne veut pas que des hommes exposent et sacrifient leur vie pour le bon plaisir de leurs semblables. Et, ici, quel est donc ce plaisir? et quel nom donner à ce divertissement, qui consiste à voir tourmenter, harceler, torturer de toutes les manières, les uns après les autres, douze ou quinze taureaux, que les torreros, pour couronner dignement la fête, finissent par égorger en plein cirque, quand ils ne sont pas égorgés eux-mêmes? Gloire donc à notre France qui n'a jamais voulu autoriser de pareils spectacles ! Gloire au Portugal, qui, en les admettant, a su du moins, comme nous le dirons plus tard, leur enlever tout caractère cruel et sanguinaire, indigne d'une nation chrétienne et civilisée !

En Espagne, on fume tout autant, et plus encore qu'en France, ce qui n'est pas peu dire ; en Allemagne, on fume, surtout la pipe ; en Espagne, la cigarette. Si les femmes ne quittent pas l'éventail, les hommes ne quittent pas davantage la cigarette ; ils en ont souvent deux à la fois, l'une entre les lèvres, l'autre entre les doigts. Les prêtres fument partout, et sans vergogne ; un sacristain fumait dans la sacristie, en nous montrant le trésor de son église. Dans les hôpitaux, à Madrid, à Cordoue, les médecins font la visite des malades, le chapeau sur la tête, et la cigarette à la bouche. Les femmes du monde ne fument pas, comme les grandes dames russes ; du moins nous ne l'avons pas constaté. En France, dans tous les trains de chemins de fer, les fumeurs ne sont tolérés que dans un seul compartiment ; en Espagne, c'est le contraire : le train, tout entier, leur est abandonné, à l'exception d'un seul compartiment, réservé pour les voyageurs qui ne fument pas. Ce compartiment est désigné par une pancarte sur laquelle on lit, en gros caractères, tantôt : *reservado para no fumar*, tantôt : *no se permite fumar en este departamento,* d'autres fôis : *reservado para los no fumadores.*

Nous avons dû l'avouer, dans nos précédentes *Vacances d'un médecin,* les chemins de fer russes et allemands sont, matériellement, mieux organisés que les nôtres; mais, ici, la supériorité appartient à la France. Tout respire ce que l'on a, trop souvent, l'occasion de déplorer en Espagne, l'incurie, la négligence, la saleté. On dirait que les compagnies françaises se sont débarrassées, au profit des compagnies espagnoles, de leur vieux matériel, de leurs vieilles défroques, de leurs wagons usés, défraîchis, démodés et de rebut. Les gares manquent d'employés; le petit nombre de ceux qu'on y trouve ont une tenue misérable; les voyageurs, abandonnés à eux-mêmes, et sans renseignements, se dirigent comme ils peuvent. Les trains, trop peu nombreux, partent, souvent, à des heures incommodes, à 4 heures du matin; et les stations, habituellement dépourvues de tout confort, et même de toute ressource, n'offrent que rarement la plus élémentaire propreté. Chers lecteurs, emportez le moins possible de bagages; ayez seulement les petits colis qu'on tient à la main; une grosse malle vous occasionnerait des désagréments, des déboursés à n'en plus finir : frais d'enregistrement, frais de transport, frais de porteur, frais de douane, frais de *pourboire,* frais d'octroi, à l'entrée de toutes les villes. Deux gendarmes, parfaitement équipés, le fusil à la main, et le sac au dos, accompagnent tous les trains. Trois ou quatre autres gendarmes se tiennent, l'arme au pied, à toutes les stations; c'est un épouvantail pour les brigands, qui n'existent plus guère, et dont nous n'avons aperçu, nulle part, la moindre trace.

Mais n'insistons pas davantage sur tout ce menu fretin de contre-temps, de revers de médailles, de détails fastidieux, terre à terre et sans poésie; il fallait bien, cependant, les faire connaître, ne fût-ce que pour être complet, impartial et vrai dans notre récit. En terminant ce chapitre d'aperçus généraux et de vues d'ensemble, restons plutôt sous le charme des merveilleux attraits de l'Espagne; ne voyons que ses palais des rois maures, fantastiques féeries de marbre, de stuc et d'albâtre, rêves des mille et une nuits, magiques et fascinateurs témoins des voluptueuses splendeurs de l'Orient, restes incomparables, intacts, comme s'ils étaient d'hier, d'une civilisation éteinte, mais qui se survit à elle-même par les grandes choses qu'elle a su accomplir. Ne voyons que ses immenses et prodigieuses cathédrales, que ses monastères, que ses musées, admirables spécimens, étonnants et inépuisables réceptacles de tout ce que les arts, dans leurs religieuses et poétiques inspirations du moyen âge et de la Renaissance, ont produit de plus magnifique dans tous les genres, de plus riche, de plus gracieux comme de plus sublime. Ne voyons, enfin, que ses *Miradors*, que ses ravissantes maisons arabes, d'une élégance si riante et si coquette, que ses *patios*, d'une fraîcheur si délicieuse, et que ses *alameidas*, et ses jardins plantés de palmiers et d'orangers, sous l'incomparable pureté de son beau ciel d'azur.

Maintenant, comme nous l'avons fait dans les précédentes séries des *Vacances d'un médecin*, invitons nos amis et nos lecteurs à nous suivre, d'étape en étape, dans ce nouveau voyage.

DE PARIS A IRUN — LE PAYS BASQUE — BURGOS
VALLADOLID — AVILA — L'ESCURIAL

DE PARIS A IRUN — LE PAYS BASQUE
BURGOS
VALLADOLID — AVILA — L'ESCURIAL

Quand un voyage est chose décidée, il faut, avant tout, choisir la saison la plus favorable pour le pays qu'on se propose de visiter; or, pour l'Espagne, mars et avril ne sont pas toujours des mois assez sûrs; en juin, juillet, août et septembre, la chaleur est trop forte; en octobre et novembre, les jours sont trop courts; le mois de mai, au contraire, offre tous les avantages et toutes les garanties : le temps est superbe; la nature, déjà dans tout son épanouissement, est encore dans toute sa fraîcheur printanière; les journées, déjà très longues, ne sont pas encore trop chaudes. C'est donc à ce beau mois de mai, dont le nom seul éveille les images les plus fleuries, les idées les plus riantes et les plus gracieuses, que nous avons donné la préférence.

Or, le vendredi 30 avril, au soir, mon frère Paul m'accompagnait à la gare d'Orléans; mon vieux camarade d'internat, le docteur Passant, bravant une pluie battante et glaciale, nous y rejoignait; à 8 heures, j'embrassais ce frère si excellent, et cet ami si dévoué, et le train m'emportait à toute vapeur.

Le lendemain 1ᵉʳ mai, à 7 heures du matin, j'étais
en gare de Bordeaux; ma chère Pauline, au retour de
la Corrèze, où elle avait rempli un pieux et filial devoir, m'y attendait, et, après vingt minutes d'arrêt, le
train, reprenant sa course rapide, nous faisait franchir
le département de la Gironde, et atteindre les Landes.

Ici commence le pittoresque du voyage : l'horizon
s'était éclairci, un soleil radieux brillait sur un ciel
sans nuage, c'était le printemps ! Des brises fraîches et
délicieuses nous apportaient le parfum des sapins, qui
couvrent les zones sablonneuses comprises entre Bordeaux et Bayonne. Tous ces arbres étaient marqués,
creusés d'une longue entaille, sillon de suintement et
d'écoulement pour la résine, que reçoit un godet fixé
à leur base. Ces émanations si bienfaisantes pour les
fonctions respiratoires embaumaient l'atmosphère. A
11 heures, nous déjeunons à Morcenx, buffet justement renommé; bientôt après, nous arrivons à Dax,
petite ville, dont l'air et les sources thermales con-
viennent aux poitrines délicates. Plus loin, une vaste
et magnifique perspective se déploie à nos yeux charmés; voici la riche et fertile vallée de l'Adour; voici
BAYONNE, patrie du pieux et vénérable théologien,
Jean Duvergier de Hauranne, abbé de Saint-Cyran;
voici la grande cathédrale de cette jolie ville, voici ses
belles promenades sur les bords de l'Adour, dont le
large bassin est sillonné de nombreux navires; voici,
comme fond du tableau, toute la chaîne des Pyrénées,
qui s'abaissent, de degrés en degrés, jusqu'aux rivages
de l'Atlantique, et jusqu'au golfe de Biarritz, voisin de

la ville, et station de mer favorite de Napoléon III et de l'impératrice Eugénie.

Nous tournons à gauche, et laissant à droite Bayonne, les flèches de ses églises, ses remparts, ses forteresses échelonnées sur les versants pyrénéens, nous pénétrons dans la montagne. La scène change; l'aspect du pays devient sombre et sauvage; nous roulons dans des gorges étroites, sinueuses et profondes, resserrées entre des cimes dénudées, rocheuses, n'ayant pour toute végétation que des herbes, des broussailles, des buissons épars. A HENDAYE, vers 4 heures après midi, nous sommes à la frontière de France; la station est mixte, d'un côté française, de l'autre espagnole; des douaniers espagnols visitent nos colis, et nous montons dans le train d'Espagne, où prennent place deux gendarmes tout armés.

A la station suivante, à IRUN, nous sommes en pleine Espagne, nous revoyons la mer; le chemin de fer gravit de hautes falaises, et nous amène, en longeant la côte, à SAINT-SÉBASTIEN, élégante station maritime, le Trouville de l'Espagne, située au fond d'une gracieuse petite baie. Nous passons... et quittant, pour ne plus les retrouver, les bords de la mer, que l'on recherche, que l'on aime toujours, et dont les yeux ne se lassent jamais, nous nous enfonçons, de nouveau, dans les gorges pyrénéennes, dans le pays basque. Le temps s'assombrit, devient froid, pluvieux. Tout est triste et noir; de gros nuages épais obscurcissent l'air, et nous dérobent les montagnes. La voie ferrée est taillée au milieu de rochers granitiques, arides, dont les masses énormes nous enveloppent de toutes parts, comme dans une infranchissable prison. Est-ce donc là cette riante Espagne, l'*Espagne au ciel bleu*, chantée par Alfred de Musset? On 'sarrête quelques instants à *Tolosa*, capitale du Guipuzcoa, puis à *Vitoria;* à 7 heures, nous dinons à *Miranda*, et à 9 heures nous descendons à Burgos, ancienne capitale de la Vieille-Castille.

Un omnibus malpropre, mal agencé, nous conduit à la *fonda du Nord*, le premier, le meilleur hôtel de la ville. Et, en effet, les chambres ne laissent rien à désirer; les lits, d'une blancheur virginale, ne sont le repaire d'aucun de ces nocturnes et répugnants insectes, qui pullulent, nous avait-on dit, dans toute l'Espagne, et que, contrairement à notre attente, nous n'avons trouvés nulle part; rendons ce témoignage à la vérité. Mais si dans les chambres tout est pour le mieux, dans la salle à manger c'est bien différent : quelle épouvantable cuisine! quelles odeurs! quelles saveurs! des fritures à l'huile rance! du *puchero!* des sauces, des ragoûts à l'oignon, à l'ail, à la ciboule, au gingembre, au raifort! horribles mélanges, infâmes et incendiaires compositions, qui emportent la bouche, brûlent la gorge, soulèvent le cœur? Est-il donc permis, sous prétexte de nourrir de malheureux voyageurs, de leur faire avaler de pareils poisons? Mais prenons-en bravement notre parti, n'en parlons plus, et sortons, au plus vite, de cette atmosphère indigeste et nauséabonde.

De bien autres impressions nous sont réservées

ailleurs : c'est le dimanche de *Quasimodo, sursùm corda!* allons à la cathédrale! l'aspect de la ville ne manque pas d'une certaine originalité; les maisons sont blanches, et chaque fenêtre a son *mirador*. Le temps est frais, aussi les hommes sont drapés dans la *cappa*, qui leur donne, quand elle est bien portée, un air de fierté, de crânerie et de distinction quelque peu hautaine et provoquante. Quant aux femmes, complètement vêtues de noir, la tête et les épaules couvertes d'une gracieuse et pudique mantille, elles ressemblent, le long de ces rues paisibles et silencieuses, à des nonnes, dans les promenoirs d'un couvent.

La cathédrale de Burgos est l'une des trois plus belles cathédrales d'Espagne, et, sans contredit, l'une des plus remarquables du monde entier. Située au centre de la ville, entourée de maisons, dont elle n'est séparée que par des rues étroites, elle a besoin, pour être comprise et appréciée, dans son magnifique ensemble, d'être vue de loin. Il faut aller sur les promenades qui bordent le cours de l'*Arlanzon*, à l'*Espalon*, aux *Cubos*, à l'*Isla;* c'est de là que nous l'avons contemplée avec une inexprimable admiration; c'est de là qu'elle apparaît dans toute sa splendeur; elle s'élève au-dessus de toute la ville; elle la domine avec une incomparable majesté. Nous ne pouvions détacher nos yeux de ses deux flèches sculptées à jour, colossales dentelles de pierre, qui se dressent, avec une grâce infinie, au-dessus de la coupole, au-dessus de toute une forêt d'autres flèches plus petites, étagées à différentes hauteurs, et qui peuplent tous les dehors de sa vaste étendue. Elle représente bien l'idée de Dieu, planant sur la cité, veillant sur elle, la regardant, groupée à ses pieds, à l'ombre de ses ailes (*sub umbrâ alarum tuarum*), pour mieux la protéger.

Des trois principales cathédrales d'Espagne, celle de Burgos est la plus belle extérieurement. A l'intérieur, elle a trois nefs, et deux chœurs, disposés ainsi que nous l'avons dit à notre chapitre précédent. Au milieu du transept, entre les deux chœurs, s'élève la coupole, enrichie, dans tout le pourtour de sa large surface, d'un nombre prodigieux de statues, de sculptures, de pendentifs, d'ornements décoratifs de l'art le plus consommé. Ces mêmes détails, ces mêmes richesses artistiques se retrouvent, avec la même perfection et la même prodigalité, dans le retable du maître-autel, dans l'enceinte, dans les grilles, dans les stalles du chœur et dans toutes les chapelles. Chacune de ces chapelles mériterait une longue description; il y en a qui sont grandes comme des églises; elles ont, toutes, une somptueuse ornementation, mais la plus importante par ses dimensions et par sa richesse est la chapelle de l'abside, dite *chapelle du Connétable (capilla del Condestable)*, parce qu'elle renferme les tombeaux et les statues, en marbre blanc, du connétable de Castille et de sa femme, qui en sont les fondateurs.

Quand nous sommes entrés, le matin, dans cette magnifique basilique, des chants s'y faisaient entendre, de deux côtés à la fois, mais dans deux points assez éloignés l'un de l'autre, pour qu'il n'y eût aucune confusion : c'étaient les matines, dans le chœur des cha-

noines, et une grand'messe dans une des chapelles.
Aucune expression ne saurait rendre l'effet saisissant,
le charme ineffable des voix, des sons graves et religieux de l'orgue nous arrivant du lointain de ces voûtes
immenses, que de splendides vitraux éclairaient d'un
jour doux et harmonieux. A la grand'messe du chapitre, une assistance assez nombreuse se tenait debout,
assise, accroupie, agenouillée sur les nattes qui
recouvrent les dalles; l'après-midi, à l'heure des
vépres, c'était une lamentable solitude.

A la cathédrale sont annexées des dépendances sans
fin, qui en doublent la superficie; ce sont des chapelles,
renfermant les monuments funéraires des archevêques, et présentant toutes, un intérêt historique ou artistique : ce sont des sacristies ornées des portraits de
tous les évêques et archevêques de Burgos; ce sont des
salles capitulaires, des cloîtres, sépultures des chanoines, à fenêtres ogivales, peuplés de tombeaux, de
statues, de bas-reliefs et de toutes les inventions et
richesses sculpturales dont le moyen âge avait le
secret.

Burgos possède d'autres églises qui méritent d'être
visitées, Saint-Nicolas, Saint-Laurent ; elle possède,
surtout, dans ses environs, la *Cartuja de Miraflores*.
Nous avons été reçus dans cette magnifique chartreuse
par un religieux qui nous a introduits dans l'église, du
plus beau style gothique. Nous y avons admiré trois
tombeaux de marbre blanc, trois merveilles d'une richesse d'invention et d'une perfection d'exécution
prodigieuses, mais mutilés par les Français, dans la

guerre de 1808; ce sont les tombeaux de Jean de Castille et d'Isabelle de Portugal, père et mère d'Isabelle la Catholique, épouse du roi Ferdinand V; le troisième tombeau est celui de leur fils : il est impossible de se figurer rien de plus ravissant, de plus gracieux que ces guirlandes de fleurs et de feuillages, que toutes ces mille compositions historiques et allégoriques, sculptées, ciselées avec une finesse, une délicatesse inouïes et incomparables.

Quand nous aurons vu la *plaza Mayor*, décorée de la statue en bronze de Charles III, le palais de l'*Ayuntamiento, casa consistorial,* ou Hôtel de Ville, nous pourrons partir... Hélas! ce ne sera pas sans regret; nous voudrions voir et revoir encore les merveilles de cette journée; mais nous avons à fournir une longue carrière; il nous faut ménager notre temps, avec une sage et prudente économie. A cinq heures et demie, nous montons en voiture pour Valladolid. De l'omnibus qui nous mène au chemin de fer, par la promenade des bords de l'Arlanzon, nos yeux restent irrésistiblement fixés sur la cathédrale qui semble s'élever et grandir, à mesure que nous nous en éloignons; et quand nous sommes en wagon, toujours sous le charme de son souvenir, et de son aspect lointain, nous apercevons longtemps encore ses flèches élancées, et sa coupole dentelée, festonnée comme un diadème de reine, qui se profilent dans les airs, avec une élégance sans égale... puis tout s'efface, tout se perd dans l'espace, et disparaît à nos regards, comme une vision, comme un rêve du ciel.

A neuf heures du soir, nous arrivons à VALLADOLID (*hôtel de France*) : très beaux appartements, excellents lits, mais table détestable, plus détestable encore qu'à Burgos : un horrible *puchero*, un hachis de viandes émaillées, à profusion, de condiments, dont la seule odeur déconcerte, révolte l'estomac, et met l'appétit dans la plus complète déroute. O Brillat-Savarin, vous qui avez si bien compris les délicatesses du sens du goût, à notre place qu'auriez-vous fait? — Comme nous, sans doute, repoussant cet abominable festin, vous vous seriez contenté d'un frugal morceau de pain, trempé dans un vin, heureusement acceptable.

Si, du moins, Valladolid nous réservait de belles et sérieuses compensations !... C'est une ville de 60,000 âmes ; ancienne capitale de l'Espagne, conjointement avec Tolède, elle fut, jusqu'à Philippe II, qui, en 1561, lui préféra Madrid, la résidence de plusieurs rois ; c'est dans ses murs que Ferdinand V, en 1469, épousa Isabelle de Castille, glorieusement surnommée *Isabelle la Catholique;* elle fut le siège principal du trop fameux tribunal de l'Inquisition, et donna naissance, en 1420, au grand inquisiteur Torquemada ; les Français s'en emparèrent en 1808 ; et en 1809 Napoléon y tint son quartier général.

Dans son état actuel, et telle qu'elle est aujourd'hui, cette capitale déchue n'offre pas un intérêt à la hauteur de son passé. Le Palais royal (*Palacio real*) est une construction insignifiante, sans caractère, sans grandeur; la *plaza Mayor* est une grande place entourée de maisons, formant, au rez-de-chaussée, de longues galeries, soutenues par des colonnes de granit; l'ancien palais de l'Inquisition, dépouillé de tous ses attributs d'autrefois, et de son cachet moyen âge, est transformé en palais de justice moderne (*audiencia*); les trois plus beaux tableaux du musée, qui sont de Rubens, enlevés par les Français, lui ont été restitués et remis à leur place primitive; l'église de *Santa-Cruz* est remarquable par une descente de croix monumentale, sculptée par Gregorio Fernandez, et placée au côté droit de la nef, en face de la chaire : la cathédrale, du seizième siècle, est imposante par ses vastes proportions; elle a une véritable grandeur architecturale; l'aspect froid et austère de ses trois larges nefs, sans ornements, est en parfaite harmonie avec la physionomie et le caractère du sombre Philippe II. Le même caractère se retrouve, en général, dans toute la ville; mais que son soleil est chaud! et que son ciel est beau! voilà enfin l'*Espagne au ciel bleu!*

La matinée nous avait suffi pour explorer Valladolid, parcourir ses rues, visiter ses monuments; à une heure après midi, nous partons pour AVILA.

Il faut bien l'avouer, jusqu'ici l'Espagne, toutes réserves faites pour Burgos, sa cathédrale et sa chartreuse de Miraflores, ne nous avait que médiocrement charmés; dans le pays Basque et le Guipuzcoa, le climat avait été froid, brumeux, et les montagnes dénudées et sans culture; dans la vieille Castille, depuis Burgos jusqu'à Valladolid, les plaines, tristes, monotones et peu productives. La nature s'était montrée partout d'une âpreté, en désaccord avec l'idée riante sous laquelle on aime à se représenter l'Espagne.

Au delà de Valladolid, sur la route d'Avila, ce même caractère morne et désolé s'accentue encore bien davantage ; c'est un désert : à droite et à gauche, ce ne sont que des rochers nus, que des éboulis de blocs granitiques, que des masses rocheuses désagrégées, arrachées à leurs points d'attache, éparses, entassées les unes sur les autres, comme si un tremblement de terre ou quelqu'effroyable cataclysme avait tout renversé, tout ravagé, tout détruit ; pendant quelques instants, nous traversons une forêt de pins-parasol, et des plantations d'oliviers, mais bientôt nous retrouvons le même sol aride, inculte et tourmenté, les mêmes sites bouleversés et sauvages, le désert, le chaos. C'est ainsi que, vers cinq heures du soir, nous arrivons à AVILA.

L'aspect de cette petite ville, de 8 à 9,000 habitants, s'harmonise, en tout point, avec la physionomie de la campagne environnante ; elle est située, à une altitude de plus de 1,100 mètres, sur un monticule isolé, nu, rocailleux, sans aucune végétation ; le chemin de fer s'arrête à la base du monticule ; un omnibus nous mène péniblement au sommet, l'air y est froid ; une enceinte continue de hautes murailles crénelées, flanquées de tours, et percées de portes ogivales, entoure la ville, au-dessus de laquelle s'élève la cathédrale. Les rues étroites, non pavées, silencieuses, en pente raide, sont pour la plupart impraticables aux voitures ; presque toutes sont bordées de cloitres, de couvents, ou d'églises. Jamais, ni à Gand, ni à Nuremberg, ni à

Lubeck, nous n'avions rien vu qui eût, à ce degré, le saisissant et pittoresque cachet du moyen âge. Nous étions aux antipodes du *boulevard des Italiens*, en plein treizième siècle, respirant l'atmosphère calme et sereine de cette grande et féconde époque. Autour de nous, tout était grave, religieux et recueilli. Ce milieu austère est bien fait pour la vie retirée, ascétique, contemplative, aussi ce fut là que naquit, en 1515, sainte Thérèse, la grande réformatrice de l'ordre des Carmélites ; elle y prit le voile au couvent de l'*Incarnacion ;* elle y fonda, en 1562, une maison modèle pour les Carmélites, où elle vécut plusieurs années, et qui est encore toute remplie de son vénérable souvenir. La ville d'Avila tout entière lui a conservé un culte pieux et fidèle ; la place principale s'appelle *place Sainte-Thérèse ;* elle est décorée d'une colonne monumentale que surmonte la statue de la sainte.

La cathédrale est un admirable édifice gothique, à trois nefs, bâti en granit : ses verrières magnifiques, mais trop rares, n'y laissent pénétrer qu'un demi-jour, presque sépulcral, aussi son aspect intérieur a quelque chose de lugubre ; on y éprouve je ne sais quel indéfinissable sentiment d'appréhension et d'épouvante : ces sombres voûtes éveilleraient-elles au fond de l'âme comme une vague et lointaine pensée de l'Inquisition ? Ne se contentent-elles pas plutôt, dans leur muet mais éloquent et solennel langage, de prêcher la crainte du Seigneur : *Initium sapientiæ timor Domini ?*

Notre hôtel (*Ingless hotel*), voisin de la cathédrale, fut déplorable à tous égards. En dépit de nos répugnances les mieux fondées, il fallut bien cependant nous résigner à y prendre gîte. Avila nous avait charmés par son air monacal, par ses fortifications crénelées, par toutes ses églises et tous ses monastères ; nous y avions trouvé le moyen âge vivant ; nous le trouvâmes encore jusque dans la nuit ; à plusieurs reprises, nous entendîmes les *serenos*, veilleurs, gardiens de la ville, chanter de leur voix lente, grave et retentissante, une prière à Dieu, une invocation à la Vierge, et annoncer, en même temps, l'heure de la nuit, et l'état de l'atmosphère : *Alavaze a Dios!... Ave Maria purissima !... es la una!... sereno!...* (Louange à Dieu ! nous vous saluons, Marie très pure ! il est une heure ; le temps est beau).

A trois heures du matin, il fallut nous lever, pour être en omnibus à quatre heures, et en chemin de fer à cinq heures ; nous allions à l'Escurial, où nous arrivons à huit heures.

L'Escurial est un des plus gigantesques édifices qui existent au monde ; c'est à la fois la sépulture des Rois, le Saint-Denis de l'Espagne, une grande et magnifique église, un monastère, un pensionnat de jeunes gens, un château royal, avec une longue suite de somptueux appartements, un musée de tableaux, une bibliothèque célèbre par les manuscrits qu'elle renferme. On y trouve dix-sept cloîtres, *douze mille fenêtres*, de vastes galeries, une multitude d'escaliers, dont un monumental, des jardins, un parc, des eaux jaillissantes, de nombreuses cours, dont la principale, la cour d'honneur, a le nom de *cour des Rois* (*patio de los Reyes*), et rappelle la cour d'honneur des *Invalides*.

Vu d'ensemble, l'Escurial représente un immense parallélogramme, hérissé d'une quantité de tours et de flèches, par-dessus lesquelles s'élève la grande coupole centrale. Sa situation est des plus pittoresques : bâti sur le versant sud-est de la *Sierra Guadarrama*, il est dominé, d'un côté par de majestueux sommets, couverts de neiges éternelles, et de l'autre, descend à ses pieds un horizon de plaines sans limites. En quittant le chemin de fer, le panorama qui se déroule tout à coup est saisissant; le grandiose édifice apparaît isolé, bien haut dans l'espace; il se développe largement, avec ses innombrables détails ; son dôme, ses tours carrées, ses clochers aigus, ses croix aériennes se détachent sur les montagnes, dont les cimes neigeuses brillent d'une éclatante blancheur, sur l'azur du firmament.

Nous gravissons, en omnibus, la route qui monte à la petite ville de l'*Escurial*, et, à l'*hôtel de Miranda*, nous y faisons le premier bon repas que nous ait encore offert l'Espagne. Puis, sous la conduite d'un excellent guide, parlant couramment français, nous pénétrons dans le monastère royal (*en el real monasterio*). Il est bâti tout en granit, de couleur gris foncé moucheté de noir, ce qui lui donne un air sombre et quelque peu lugubre. Nous nous dirigeons d'abord vers l'église; on y arrive, comme aux Invalides de Paris, par la grande cour d'honneur, appelée ici *cour des Rois (patio de los Reyes)*. Par son style, sa forme et ses dimensions, l'église ressemble au Panthéon de Paris; mais sa teinte granitique est plus imposante, et son ornementation infiniment plus riche. C'était le 4 mai; les religieux de l'ordre de Saint-Augustin, qui la desservent, célébraient la fête de sainte Monique, et chantaient une grand'messe solennelle. Le maître-autel (*capilla mayor*) est d'une splendeur toute royale; les marbres les plus précieux y encadrent les bronzes dorés les plus artistiques. A droite et à gauche sont placées, dans l'attitude de la prière, à genoux, et les mains jointes, plusieurs statues, en bronze doré, plus grandes que nature, de rois et de reines; entre autres, les statues de Charles-Quint et de Philippe II. Le caveau des sépultures royales, appelé *Panthéon des Rois* (*Panteon de los Reyes*), se trouve sous le maître-autel; on y descend par un large et magnifique escalier des marbres les plus rares; l'entrée en était interdite, pour cause de réparations. Le cercueil de la jeune reine Mercédès est déposé dans une chapelle voisine du maître-autel, où tous les jours, à dix heures, on dit une messe mortuaire. Le chœur est situé à la place qu'occupent les grandes orgues dans nos églises de France, c'est-à-dire à l'extrémité de la grande nef, au-dessus de la porte principale; il est entouré de cent vingt-quatre stalles des bois les plus précieux, habilement sculptées, et surmontées à droite et à gauche de deux buffets d'orgues. Parmi ces stalles, on nous a montré celle où se plaçait Philippe II, au milieu des moines, pendant les offices. Au centre du chœur, éclairé par un superbe lustre de cristal de roche, est placé le lutrin monumental, à quatre faces, dont chacune supporte un livre de chant. Ces livres que nous avons ouverts, examinés et admirés, comme ils le méritent, sont au nombre de *deux cent dix-huit;* ils ont un mètre de hauteur; leurs feuillets sont d'épais et magnifiques parchemins, dont plusieurs sont ornés de dessins, de vignettes et de peintures d'une rare perfection, et d'un charme exquis; à gauche du chœur est un passage qui mène à une chapelle ornée d'un très beau Christ, en marbre blanc, sculpté par Benvenuto Cellini; à droite, s'ouvre une longue galerie, par laquelle arrivait Philippe II, au sortir de ses appartements contigus à l'église; nous les avons visités, et en particulier la chambre à coucher, où il est mort, en 1598, et de laquelle il pouvait suivre les offices et voir le prêtre au maître-autel.

Nous allâmes ensuite, par une cour latérale, au Palais Royal, où les rois viennent encore fixer leur résidence pendant une partie de l'été. Ses nombreux salons sont enrichis de tapisseries du plus gracieux effet; puis à la bibliothèque, où on nous laissa tenir et feuilleter de précieux manuscrits enluminés de merveilleux dessins, et de peintures du plus ravissant coloris; puis au grand et somptueux escalier (*escalera principal del Real monasterio*); puis aux cloîtres, dont les deux étages, avec leurs voûtes peintes à fresques, forment les plus belles et les plus imposantes perspectives.

Tel est, autant qu'on peut en donner une idée, en quelques lignes bien incomplètes et rapidement écrites, ce prodigieux édifice, à la fois monastère, église, collège, séminaire, musée, bibliothèque, palais, résidence et tombeaux de rois, où reposent Charles-Quint et

Philippe II. Cette œuvre colossale a été conçue par Philippe II, pour l'accomplissement d'un vœu qu'il avait fait à saint Laurent, à l'occasion de la prise de Saint-Quentin ; elle reproduit la forme d'un gril, en mémoire de l'instrument de supplice du saint martyr. Jean-Baptiste de Tolède et Jean de Herrera exécutèrent ce gigantesque travail, dans l'espace de vingt et un ans, de 1563 à 1584. Nous en avons, pendant plus de cinq heures, parcouru, visité les parties qui nous furent accessibles, et nous en sommes sortis sans avoir tout vu ; à huit heures du soir, nous étions à Madrid, à l'hôtel de Paris, à la *Puerta del sol !*

MADRID — TOLÈDE

MADRID — TOLÈDE

Arrivés à **MADRID**, le mardi 4 mai, à huit heures du soir, nous en sommes partis le samedi 8, à huit heures du matin; c'est, j'en conviens, un séjour trop court pour une ville de 400,000 âmes et de cette importance, mais le temps, qui nous poursuivait comme un impitoyable créancier, ne nous permettait pas d'y rester davantage. Jusqu'à Philippe II, l'Espagne avait deux capitales, Valladolid et Tolède; mais, en 1561, ce prince transporta le siège du gouvernement à Madrid, dont il fit l'unique capitale de toute l'Espagne.

Si Madrid n'avait ni son beau ciel, ni ses femmes aux yeux et aux cheveux noirs, et à la gracieuse mantille, on pourrait s'y croire dans une ville française, car elle manque d'originalité, elle n'a pas le cachet espagnol; ses maisons sont hautes, à plusieurs étages, ses rues larges, vivantes et bien alignées; on n'y voit ni constructions arabes ni *patios* mystérieux et fleuris avec orangers, palmiers et fontaines jaillissantes. Mais, en revanche, on y trouve une quantité prodigieuse d'ânes, de mules et de mulets. En Russie, en Suède et en Norwège, on ne rencontre pas un seul de ces animaux; le froid ne leur convient pas, ils le supportent mal, il leur faut de la chaleur, aussi l'Espagne est-elle leur terre favorite, ils y pullulent; les rues de Madrid en sont encombrées ; les tramways (*tramvias*) sont attelés de trois, quatre, cinq, six, mules ou mulets ; les lourdes voitures en ont des enfilades de sept, huit, neuf, dix ; on en voit même quelquefois aux équipages de luxe, mais alors ce sont de superbes mules noires, soigneusement peignées et richement caparaçonnées ; sous ce rapport, l'Espagne nous a rappelé l'Italie méridionale, et surtout la Sicile ; les ânes, mules et mulets y sont en majorité, les chevaux en minorité.

Madrid possède un grand nombre d'églises, presque toutes surchargées d'ornements ; elles sont de petites dimensions, et sans valeur architecturale ; il en est deux, cependant, auxquelles nous devons une mention toute spéciale : la première est l'église de Notre-Dame d'Atocha (*Nuestra señora de Atocha*), église conventuelle, la plus belle, la plus grande de Madrid. Son portail monumental, surmonté de deux clochers aigus, se développe noblement, à l'extrémité d'une longue et large place. A l'intérieur, comme l'église des Invalides, à Paris, comme l'église des tombeaux royaux, à Stockholm, elle est décorée des étendards, drapeaux et trophées de victoires pris aux ennemis ; c'est là que se célèbrent les mariages des rois. Ce jour-là, on devait y faire un service mortuaire pour un *Grand* d'Espagne. Trois ans auparavant, nous avions vu, ainsi que nous le racontons dans la quatrième série des *Vacances d'un médecin*, une pompe funèbre dans la capitale de la Pologne, nous voulûmes en voir une, aussi, dans la capitale de l'Espagne.

Sur la place de l'église, stationnaient les somptueux équipages de toute la *Grandesse* d'Espagne, pour laquelle des sièges d'apparat avaient été disposés dans la nef. Tous les plus hauts personnages de Madrid, et, en particulier, l'ambassadeur de France, étaient là. Les chants furent tellement beaux, tellement imposants dans leur majestueuse et grandiose simplicité, qu'ils ont été une des impressions les plus saillantes de tout notre voyage. Trois admirables voix de basse chantèrent de la tribune de l'orgue, mais sans aucun accompagnement, le solennel *Invitatoire* des Matines ; il me semble les entendre encore, et ce souvenir me remue jusqu'au fond de l'âme, chanter, de leurs voix retentissantes, ce magnifique verset dont le plain-chant a su traduire avec une si vigoureuse expression ces paroles sévères, menaçantes et terribles : « Quadraginta annis proximus fui generatio ni huic et dixi : semper hi errant corde ; ipsi vero non cognoverunt vias meas ; quibus ego juravi in irâ meâ, si introïbunt in requiem meam ! » — et tous les moines, dont une grille, à l'autre extrémité de l'église, nous cachait la présence, répondaient en chœur, dans le lointain de leur cloître, avec un formidable ensemble : « Regem cui omnes vivunt, venite, adoremus ! » — C'était splendide ! aucune musique profane ne saurait donner une idée de ces chants sublimes ; je retournerais à Madrid tout exprès pour les entendre encore.

La seconde église, dont nous avons à dire quelques mots, est la cathédrale, sur les marches de laquelle, dix-sept jours auparavant, le dimanche des Rameaux,

l'évêque de Madrid avait été assassiné par un des membres du clergé. Nous avons vu la place où le crime
avait été commis; l'intérieur de l'église avait conservé
ses tentures funéraires; un riche catafalque s'élevait en
avant des marches du sanctuaire, et les chanoines
chantaient les vêpres des Morts.

La *Puerta del sol*, dont on parle si souvent, n'est ni
une promenade, ni un jardin, ni un boulevard analogue
à nos boulevards de Paris; c'est tout simplement un
vaste carrefour, où viennent se réunir, s'entre-croiser
les principales rues, aboutir les grandes lignes des
tramvias; c'est le lieu le plus fréquenté, le plus vivant,
le plus gai, c'est le cœur de la ville. Une fontaine jaillissante orne son point central et tout son pourtour est
occupé par les plus beaux magasins, les plus belles maisons, les principaux cafés, les premiers hôtels, par
l'hôtel de Paris, en particulier; c'était le nôtre, excellent hôtel, propreté exquise, service à souhait, cuisine
toute française, parfaite, pas du tout espagnole, à se
croire chez Brébant!

Le Palais royal (*Palacio real*) est un édifice d'une
masse imposante, situé sur un point élevé, sorte de ter-
rasse isolée, du haut de laquelle la vue s'étend et se
perd dans une plaine immense qui ressemble à un désert; la chaîne aride, sombre et dentelée de la sierra
Guadarrama la borne, au couchant, du côté de l'Escurial. Au-dessous des jardins du palais, coule le Manza-
narès, misérable rivière, presque sans eau quelquefois,
descendue des montagnes de la Sierra, et dont les bords
gazonnés servent de séchoirs aux blanchisseuses de la

ville. L'entrée du palais n'était pas permise à cause de la présence de la reine. Nous l'avons rencontrée dans une voiture à quatre chevaux, précédée et suivie de piqueurs à cheval. Les tambours, les clairons battaient et sonnaient aux champs, et toutes les têtes se découvraient respectueusement sur son passage.

A défaut du palais, nous avons pu visiter les écuries royales, vaste et intéressant établissement, qui comprend, d'abord, les écuries proprement dites, occupées par plusieurs centaines de chevaux des races les plus belles ; de nombreux palefreniers, pour nous faire honneur, et surtout pour recevoir quelques *pesetas*, s'évertuèrent à déployer, à faire ressortir, devant nous, la finesse, l'élégance, la perfection des formes de ces brillants animaux, qui ont tous leur nom, leur histoire et leur fonction spéciale. Au sortir des écuries, nous pénétrons dans de longues et interminables galeries où sont exposés, sous des vitrines, tous les mille détails du harnachement, de la sellerie, de la carrosserie : plumets, panaches, aigrettes de toutes couleurs, couvertures et caparaçons richement ornementés pour les chevaux ; habits, chapeaux brodés et dorés de petite et grande livrée, de petit et de grand gala, pour les cochers, valets de pied, pages, laquais et piqueurs. Puis nous arrivons aux remises des voitures ; dans l'une sont rangées, sur plusieurs files, les voitures les plus simples et d'usage le plus habituel : voitures de promenade, de courses, de chasses, de voyages. Dans une autre, les voitures de petit, de demi-gala, agrémentées de sièges luxueux, de lanternes dorées, et garnies, à l'intérieur, de somptueuses étoffes de velours et de soie.

Dans une dernière galerie, nous admirons, et cela sans réserve, les anciennes chaises à porteurs, les selles royales, les grands carrosses, les équipages de grand gala pour les baptêmes, mariages, couronnements, grands cortèges, grandes revues, entrées triomphales des rois et des reines. Plusieurs de ces voitures sont des chefs-d'œuvre d'art, de peinture et d'orfèvrerie ; leurs panneaux sont peints à fresques ; leurs ferrements, ornements et ciselures sont en vermeil, en argent massif ; leurs tentures en velours cramoisi rehaussé d'or. A ces splendides voitures se rattachent des événements historiques ; deux d'entre elles sont des présents de Napoléon Ier aux rois Charles IV et Ferdinand VII ; une autre, merveilleusement sculptée et tout entière en bois d'ébène, appartenait à Isabelle la Catholique. Ces galeries remplies de tant de richesses artistiques et historiques nous ont rappelé nos souvenirs de Russie, les galeries, plus riches encore peut-être, du Kremlin de Moscou. Les cours de Russie et d'Espagne, comme la cour de France sous nos anciens rois, sous Louis XIV en particulier, ont toujours, et avec raison, recherché ce qui pouvait entourer de prestige et d'éclat les majestés impériales et royales. On trouve, par conséquent, dans ces deux pays, des trésors, des splendeurs artistiques, des magnificences mobilières et de toutes sortes, qui n'existent nulle part ailleurs. Oh ! comme on en trouverait aussi dans notre belle et chère France, si la fureur criminelle, stupide et sauvage

des révolutionnaires de 93 et de 71 ne s'était pas in-
géniée à les détruire !

Le musée des Armes (*Armeria*), moins complet que
celui de Dresde, le plus beau d'Europe, offre cependant
un grand intérêt. Comme à Dresde, la plupart des personnages sont à cheval ; c'est un imposant et surpre-
nant spectacle de voir tous ces cavaliers, ces rois, ces
grands capitaines, aux allures nobles et fières, couverts
de leurs armures historiques et montés sur des chevaux
richement caparaçonnés ; ils sont sur une estrade, côte
à côte, et dos à dos, formant une double rangée, qui s'é-
tend d'un bout à l'autre, et dans toute la longueur d'une
immense galerie. Leur ensemble est saisissant et magnifique : c'est une troupe d'élite s'il en fut, un bataillon
d'illustres guerriers, une réunion de héros, de souverains, le casque en tête, l'épée ou la lance à la main,
couverts de leurs cuirasses étincelantes, de leurs cottes
de mailles et de leurs boucliers damasquinés d'or. Ils
sont tout prêts à marcher à la bataille, ou à combattre
dans quelque brillant tournoi ; on les reconnait à leur
expression, à leur ressemblance fidèlement repro-
duites.

Voilà Charles-Quint, avec sa riche armure, la même
dont il était revêtu, quand il posa devant le Titien, pour
son portrait, son admirable portrait, l'un des chefs-
d'œuvre du Maître, que nous allons voir tout à l'heure
au musée royal. Voici Don Juan d'Autriche, le glorieux
vainqueur des Turcs à Lépante en 1571 ; voici Gonzalve
de Cordoue, surnommé le *Grand Capitaine*, le vainqueur des Maures à Grenade en 1492 ; voici l'épée du

Cid, l'armure de Christophe Colomb, le casque de François Ier, l'épée de Boabdil, le dernier roi des Maures en Espagne!... On voudrait rester longtemps au milieu de tous ces souvenirs, de tous ces témoins quasi vivants de ce grand passé; mais d'autres attraits, non moins puissants, nous appellent ailleurs.

Le musée royal (*real museo*) est peut-être celui de toute l'Europe qui possède le plus grand nombre de chefs-d'œuvre. Tout d'abord nous y trouvons le fameux portrait de Charles-Quint, par le Titien; c'est bien la même figure qu'au musée des armes, la même noble tête, ombragée du même panache, la même attitude, la même pose sur un fier coursier! quelle admirable peinture! comme elle est vivante! quel regard vif et superbe! quelle ardeur dans le cheval tout prêt à s'élancer !...

Mais recueillons-nous : en face de cette toile splendide, voici le *Spasimo* (l'affaissement de J.-C.), le plus célèbre tableau de Raphaël avec la *Transfiguration*, que nous avons vue à Rome. La *Transfiguration* et le *Spasimo* sont les deux extrêmes, les deux pages les plus différentes de la vie mortelle du Sauveur; la *Transfiguration* du Vatican, c'est Jésus-Christ, dans son humanité triomphante; il est sur le Thabor, dans le rayonnement de sa divinité, il ne tient plus à la terre; il plane dans l'espace, et resplendit d'une lumière, dont l'éclat éblouit les prophètes Moïse et Élie, et les apôtres Pierre, Jacques et Jean. Le *Spasimo* de Madrid, c'est Jésus-Christ, dans son humanité souffrante; il monte au Calvaire, il fléchit, s'affaisse et succombe sous le poids de

sa croix !... Simon le Cyrénéen s'empresse à le
secourir ; la Vierge mère est là, entourée des saintes
femmes ; elle lui tend les bras, avec l'accent d'une
ineffable douleur ; le divin Maître se soulève d'un pénible effort, pour tourner ses yeux vers elle ; son visage
est altéré, défiguré par les tortures de sa passion ; mais,
si méconnaissable qu'il soit, on y découvre une triple
et sublime expression : la tendresse d'un fils, la résignation d'une victime, et la majesté d'un Dieu !

En 1849, quand j'étais interne à la maison de santé
du Dr Lisle, M. Albert X..., ancien magistrat, vieillard
excellent, d'une bonté parfaite, âme sensible, esprit distingué, me parlait souvent de ce tableau, avec un inta-
rissable et tout juvénile enthousiasme. Ce souvenir de
ma jeunesse m'était resté, et quand je me trouvai, à
mon tour, en présence de cette merveille d'art, de foi
chrétienne et de génie, je me sentis pris d'une impression si vive que mes larmes coulèrent malgré moi :
larmes sans doute d'émotion profonde et d'admiration,
à la vue d'une des scènes les plus poignantes de l'Évangile, et d'une des plus radieuses manifestations du
génie de l'homme, mais larmes aussi pour le bon
vieillard, et pour le bon vieux temps de mon internat
dont le chef-d'œuvre de Raphaël avait réveillé en moi
le lointain souvenir !...

Il nous est impossible de nous arrêter à chacun des
tableaux de ce musée, auquel nous n'avons pu faire
que deux visites, quand il aurait fallu lui consacrer
des semaines entières ; et cependant, comment ne rien
dire de ces dix-sept Murillo, dix-sept chefs-d'œuvre,

placés les uns à côté des autres, à l'entrée et à droite
de la grande galerie? Ils nous ont attirés irrésistiblement, et captivés par le charme inimitable de la com-
position, du dessin et du coloris, qui caractérise le
premier et le plus séduisant des peintres de la grande
école espagnole. On le reconnaît partout et toujours,
à cette grâce exquise et idéale, qu'il répand, comme un
parfum du ciel, sur les saints et les saintes, dont sa
piété douce et tendre a si bien compris la foi ardente et
les divines extases. Quelles Vierges ravissantes! comme
on sent bien qu'elles ne sont pas de simples femmes!
comme elles sont radieuses, d'une beauté toute céleste,
au milieu de ces légions aériennes, de ces nuées, de
ces couronnes diaphanes et vaporeuses d'anges, de
chérubins et de séraphins, qui les entourent, et les
accompagnent à travers les espaces!

A gauche, dans la même galerie, comment ne pas
être saisi d'admiration, devant le Christ en croix, de
Velasquez? Quelle expression de souffrance! mais en
même temps quelle sublime résignation! quelle majesté
dans la douleur!... Comment surtout ne pas adorer,
en disant avec le centurion : *Celui-là était vraiment
le fils de Dieu, verè filius Dei erat iste!* Pourrions-nous
passer indifférents et en silence, devant une des œuvres
les plus délicieuses de Rubens? Rodolphe Ier, de Habsbourg, empereur d'Allemagne, chef de la maison de
Habsbourg d'Autriche, se promenant à cheval, dans la
campagne, rencontre un prêtre portant le saint via-
tique à un malade; il met pied à terre, fait monter le
prêtre à sa place, et conduit le cheval par la bride.

Aucune description ne saurait rendre la grâce ineffable de ce tableau : le prêtre est sur le cheval, tenant le saint ciboire dans ses mains, à la hauteur de sa poitrine ; la foi et l'adoration dont son âme est pénétrée se reflètent sur sa vénérable figure ; l'empereur marche la tête découverte, les yeux respectueusement baissés, l'air recueilli ; il tient la bride du cheval, qui, lui-même, par sa grave et noble attitude, semble avoir comme le sentiment de son précieux et divin fardeau.

Pourrions-nous aussi ne rien dire de nos grands peintres français, Nicolas Poussin et Claude Lorrain, dont les splendides paysages occupent une place glorieuse et bien méritée, au milieu de tant d'autres chefs-d'œuvre ?

Le palais du musée nouvellement construit, d'un aspect monumental, et ressemblant à un temple grec, est situé entre le *Prado* et le *Buen-Retiro*, les deux grandes promenades de Madrid. Ces deux promenades sont voisines ; on y arrive par la même rue, la rue d'*Alcala*, la plus belle de Madrid ; à son extrémité s'élève la *Puerta d'Alcala*, arc de triomphe, qui rappelle l'entrée solennelle à Madrid de Charles III, roi des Deux-Siciles depuis vingt-huit ans, lorsque la mort de son frère Ferdinand VI le fit monter sur le trône d'Espagne.

De nombreuses percées accessibles aux voitures, des pièces d'eau, d'épais ombrages, des pelouses, des parterres de fleurs, font du *Buen-Retiro* un parc délicieux. Le *Prado* est un immense boulevard, de 4 kilomètres de longueur, il entoure une partie de la ville ; ses trois larges allées sont plantées d'arbres ; celle du milieu est ouverte aux voitures ; des deux latérales, l'une est réservée aux chevaux de selle, et dans l'autre, les promeneurs trouvent de l'ombre, des jeux pour les enfants, des sièges pour le repos et la conversation ; ce sont les *Champs-Élysées* de Madrid.

Dans le long parcours du Prado, les points de vue les plus variés et les mieux ménagés se succèdent d'instant en instant : ici c'est le jardin botanique, le musée royal, le parc du Buen-Retiro ; là c'est l'arc de triomphe et la rue d'Alcala ; puis, de distance en distance, la fontaine d'Apollon, la statue colossale de Christophe Colomb, et enfin, tout à l'extrémité, le magnifique monument de bronze d'Isabelle la Catholique ; elle est à cheval, et tient dans sa main droite une croix processionnelle, qu'elle élève au-dessus de sa tête, et qui, se détachant ainsi au milieu des airs, domine majestueusement toute la perspective. Le soir, quand la chaleur est tombée, le Prado devient le centre du mouvement le plus actif. C'est le rendez-vous de toute la haute société ; de longues files de voitures, de fringants attelages s'y croisent en tous sens ; de belles Madrilènes, aux grands yeux noirs, sveltes et enveloppées de leurs mantilles, agitent leurs éventails, échangent de gracieux saluts ; de jolies amazones caracolent à côté d'élégants cavaliers ; la foule des promeneurs respire la fraîcheur de la soirée, et se délecte à la vue de ce luxe, de cet entrain, de cette animation de la riche et joyeuse capitale.

Ma première visite à Madrid avait été pour l'hôpital

général; je m'y rendis le matin, à l'heure à laquelle on
y rencontre les médecins. J'y fus reçu par le professeur Benavidès, médecin en chef, directeur général
de l'assistance publique. Ce savant et très distingué
confrère voulut bien me dire que je n'étais pas un
inconnu pour lui; il me présenta aux autres chefs de
service de l'hôpital, au professeur Irchila, aux docteurs
Obon et Julio Pérez; ces messieurs, qui parlaient assez
couramment français, eurent l'amabilité de m'adresser,
relativement à mes ouvrages, les appréciations les plus
flatteuses. Après un échange réciproque de politesses,
je les quittai, pour accompagner le professeur Benavidès, qui fut assez obligeant pour me faire, lui-même,
les honneurs de l'hôpital, que je parcourus et visitai
avec lui, dans toutes ses parties.

Ce bel établissement, qui contient mille à douze cents
malades, fut fondé, de 1760 à 1770, par le roi Charles III.
Son aspect est, à la fois, agréable et grandiose; on s'y
promène dans de vastes galeries ouvertes de tous côtés
sur des jardins; les salles de malades, dallées de marbre, élevées de plafond, spacieuses et largement ventilées, ont leurs murs revêtus, à une hauteur de 2 à
3 mètres, de carreaux de faïence, émaillés des couleurs
les plus variées, des dessins les plus gais et du plus
gracieux effet. Tous les lits sont de fer et sans rideaux;
les cabinets des médecins ont une bibliothèque et un
ameublement du meilleur goût; les arsenaux de la chi-
rurgie possèdent les instruments les plus nouveaux;
les salles de bains pourvues de tous les appareils, de
balnéation, de douches, de vaporisation les plus per-

fectionnés, sont tenues avec le soin le mieux entendu.
A la pharmacie, les bocaux, potiches, vases de toutes
les formes et de toutes les dimensions, sont en faïence
émaillée, et aux armes de Charles III. La lingerie est
une merveille ; à travers ses immenses vitrines, on
aperçoit tous les mille détails de literie, de vêtements,
de coiffures de jour et de nuit, d'étoffes de toile, de
laine, de tarlatane, de coton, pour les usages de toi-
lette, de pansements, d'opérations ; tout cela est disposé
avec un art infini, de manière à représenter, par l'in-
génieux agencement des objets les plus différents et
des couleurs les plus disparates, les dessins les plus
variés et les plus habilement exécutés ; ce sont des
croix, des fleurs, des fruits, des arbres et des figures
de géométrie, telles que des cercles, des triangles, des
losanges. Quelle heureuse et poétique idée d'avoir tiré
un si charmant parti de choses d'un usage si vulgaire, et
par elles-mêmes si simples, souvent même si grossières !
Nous n'hésitons pas à dire qu'aucun des hôpitaux de
Paris n'est à la hauteur de l'hôpital général de
Madrid, tant pour l'élégance des constructions et la
tenue des divers services, que pour les excellentes
conditions d'hygiène qui s'y trouvent réalisées. Il est
desservi par des sœurs de saint Vincent-de-Paul, dont
la coiffure diffère un peu de la cornette de nos sœurs
françaises.

En quittant le docteur Benavidès, je le félicitai de
ne pas suivre les déplorables errements de laïcisation
de l'administration parisienne : — « Nous n'en avons
nulle envie, me dit-il, Paris reconnaîtra bientôt que les

religieuses ne se remplacent pas, et il les reprendra ! — Dieu vous entende ! » lui dis-je en lui serrant les deux mains, et le remerciant avec effusion de sa cordiale réception, ainsi que des moments si pleins d'intérêt qu'il avait bien voulu me consacrer.

Tels sont, en quelques pages rapidement tracées, les souvenirs que nous a laissés la ville de Madrid ; il en est encore un, et ce n'est pas le moins agréable, que nous tenons à consigner dans ce livre, c'est celui de l'ambassade de France, où nous avons reçu le plus charmant accueil, grâce à une lettre que M. Théodore Hussenot avait eu l'aimable pensée de nous remettre pour l'ambassadeur, M. de Laboulaye, son neveu. Nous fûmes heureux de retrouver la France, en ce qu'elle a de plus gracieux, dans ce ravissant palais de l'ambassade, heureux surtout d'exprimer à M. le comte et à Mme la comtesse de Laboulaye, en même temps que toute notre gratitude pour l'honneur qu'ils voulaient bien nous faire, les sentiments de haute et affectueuse estime que nous a inspirés, depuis longues années, l'excellente et si honorable famille Hussenot de Senonge.

Le 6 mai, à huit heures du matin, nous prenons le chemin de fer de TOLÈDE ; nous traversons une plaine fertile ; la chaleur est intense ; nous avons avec nous un Espagnol de haute noblesse et de distinction parfaite, un chien de chasse du meilleur monde, d'une éducation irréprochable, et une aimable famille française, alliée au maréchal de Mac-Mahon. En si bonne compagnie, le voyage, de quinze lieues seulement, se passa vite, la conversation, bien nourrie, fut un feu

roulant de gais propos, entremêlés d'appréciations poli-
tiques concernant la France et l'Espagne.

Il est dix heures, le train s'arrête et nous dépose sur
la rive droite du Tage, en face et au pied de TOLÈDE,
située sur l'autre rive. A Madrid, nous étions dans une
capitale luxueuse, moderne et d'une physionomie
toute française; à Tolède, chef-lieu de la Nouvelle-
Castille, ancienne capitale de l'Espagne, nous allons
être, par un brusque et saisissant contraste, à trois,
quatre et cinq siècles en arrière, aux temps des rois
Maures, de Ferdinand V, d'Isabelle la Catholique, de
Charles-Quint, de Philippe II. Tolède avait autrefois
deux cent mille habitants; elle n'en a plus aujour-
d'hui que dix-sept à dix-huit mille; elle est donc bien
déchue de son ancienne splendeur; mais si déchue
qu'elle soit, elle a su, comme Venise, conserver les
richesses et les incomparables attraits de son glorieux
passé.

Elle est bâtie, au sommet d'un rocher, sur la rive
gauche du Tage; nous franchissons le fleuve, sur le
beau pont d'*Alcantara*, défendu à ses deux extrémités par de hautes et lourdes portes crénelées, de l'époque arabe. Au-dessus et au delà de cette première défense,
nous apercevons, bien haut, et comme couronnement
du rocher, les remparts, avec créneaux, les tours
mauresques, crénelées aussi, de la vieille enceinte for-
tifiée. Pour y arriver, la montée est longue et raide;
les cinq ou six mules de notre voiture, la tête empa-
nachée, le cou, le dos, les reins agrémentés de grelots
et de pendeloques, se lancent à toute vitesse; elles ont

des ailes, elles volent, elles gravissent les pentes au
triple galop, d'un train vertigineux, insensé ; c'est une
trombe, un ouragan plutôt qu'une course. Bientôt
nous atteignons les murs ; nous passons sous une
porte basse, et nous voilà dans un dédale, dans un
labyrinthe inextricable de ruelles étroites et tortueuses, qui se croisent en tous sens, montent et descendent dans toutes les directions ; elles sont bordées de
maisons à fenêtres ogivales et grillées, à façades sculptées et blasonnées, à portes massives, blindées et
boulonnées de fer. C'est TOLÈDE ! et, comme à Avila,
c'est le moyen âge !... Tout nous étonne, nous semble
étrange ; les rues, hérissées des aspérités d'un caillou-
tage qui rappelle le chaos, peuvent à peine donner passage à notre voiture ; leurs pentes sont si rapides qu'on
hésite à s'y risquer. Les maisons, d'un aspect sombre,
ont une entrée obscure et sinueuse, elles ressemblent
à de petites forteresses ; leur devanture est ornée de
colonnettes, d'arabesques, creusée de niches de saints,
décorée d'armoiries, de vieux blasons, de vieilles lé-
gendes ; on y trouve des guirlandes de fleurs, de
pieuses images, des animaux fantastiques, fouillés,
sculptés dans la pierre ; c'est tout un monde nouveau,
fantastique lui-même, qui surgit et se déroule à nos
yeux. Pour ne pas nous égarer dans des méandres qui
nous paraissent sans issue, un guide est indispensable ;
mieux vaut encore une voiture, et, à frais communs
avec la bonne famille Mac-Mahonienne, nous frétons
un antique char-à-bancs.

Nous grimpons d'abord au point culminant de la

ville, occupé par l'*Alcazar*, édifice sans caractère, sans intérêt par lui-même; mais de sa plate-forme les regards embrassent un superbe panorama : la ville entière est sous nos pieds, étagée en amphithéâtre, dominée par les flèches de ses églises, et surtout par la tour pyramidale de la cathédrale, qui s'élève plus haut que toutes les autres, avec une hardiesse et une élégance incomparables. Le Tage coule au bas de la montagne, il la contourne, et se perd ensuite à l'horizon d'une immense vallée qu'il fertilise de ses eaux.

La cathédrale de Tolède, église primatiale, comme beaucoup de monuments du moyen âge, manque des dégagements nécessaires pour apprécier ses formes, ses proportions et ses richesses architecturales extérieures; elle est enveloppée de maisons agglomérées dans tout son pourtour, qui masquent, à la fois, et son ensemble et ses détails; une petite place cependant, donnant accès au palais du cardinal archevêque, primat d'Espagne, s'ouvre devant son portail principal. Mais si les dehors nous laissent froids et désenchantés, nous éprouvons, à l'intérieur, un inexprimable sentiment d'enthousiasme.

Cette cathédrale est une merveille; elle est un des plus éblouissants triomphes de l'art religieux, aux treizième et quatorzième siècles, et, assurément, l'une des plus grandes et des plus belles, sinon la plus belle église du monde entier. A peine en a-t-on franchi le seuil qu'on est saisi de l'irrésistible impression de son éclatante majesté. On se sent comme anéanti en présence de sa vaste étendue, de ses gigantesques piliers, de l'élévation, de la largeur de ses cinq nefs, qui se développent avec un caractère grandiose, imposant et magnifique. Rien ne saurait rendre l'effet de ses splendides vitraux ; ils éclairent l'immense vaisseau d'un mystérieux demi-jour, nuancé de pourpre, d'or et d'azur ; leurs couleurs diaphanes brillent des teintes les plus ravissantes, à toutes les hauteurs, entre toutes les colonnes, au fond de toutes les chapelles ; c'est de tous les côtés, sous toutes les ogives et dans tous les lointains du temple, un doux et poétique scintillement de peintures lumineuses, dont les reflets sont d'un charme indicible.

Si maintenant nous étudions, de plus près et isolément, les différentes parties de ce prodigieux ensemble, nous y trouvons d'inépuisables sujets d'admiration. Cette église tout entière est une merveille, nous le disions tout à l'heure, mais le chœur (*coro*), en particulier, en est une aussi. Les deux rangées de stalles reproduisent les victoires des rois catholiques contre les infidèles de Grenade, et l'expulsion définitive des Maures de l'Espagne par Ferdinand V et Isabelle la Catholique, assistés dans toutes les batailles par le célèbre cardinal Pierre Gonzalès de Mendoza, archevêque de Tolède. Ces glorieuses pages de l'histoire de l'Espagne, sculptées sur bois précieux et rehaussées de colonnes de marbre et de statues d'albâtre, sont d'inimitables modèles de patience, de délicatesse, de perfection. Les grilles de bronze, le lutrin, le trône de l'archevêque, les deux buffets d'orgue sont des chefs-d'œuvre de travail, d'art et de richesse. Le retable du maître-autel (*capilla mayor*) est un monument colossal, où l'élégance et la somptuosité se joignent à la multitude incroyable des détails. Le sanctuaire est revêtu, extérieurement, et jusqu'à la naissance des voûtes, d'immenses compositions sculpturales représentant des scènes de l'Ancien et du Nouveau Testament, et des épisodes de la vie des saints les plus illustres. La sacristie renferme des trésors d'une valeur inestimable, des vases sacrés, des calices, des ostensoirs d'or et d'argent, constellés de pierreries, des devants d'autels, des ornements sacerdotaux, dont quelques-uns brodés par Isabelle la Catholique.

A l'extrémité occidentale de la ville, le rocher, sur lequel elle est construite, est coupé à pic ; ses flancs escarpés se dressent verticalement au-dessus du Tage. De ce point, la vue est magnifique ; elle s'étend au loin sur la plaine, sur le cours du fleuve, et sur la fameuse fabrique d'armes blanches de Tolède, dont la trempe est légendaire et la réputation universelle et si justement acquise. La souplesse de ces lames, aussi étonnantes que redoutables, est vraiment extraordinaire ; on les plie, on les courbe comme un roseau, mais en même temps leur pointe est si acérée, qu'elle transperce les métaux ; un sou fut percé, de part en part, en notre présence, par une lame d'épée, flexible comme la tige d'un jeune arbuste.

C'est à cet endroit pittoresque que s'élève la belle église de l'ancien couvent de *San Juan de los Reyes* (Saint-Jean des Rois). Sur toute la longueur de ses

murs extérieurs, sont accrochées en festons, et comme
un motif de décoration, les lourdes chaînes de fer, dont
étaient chargés les chrétiens, que les Maures faisaient
prisonniers, et qu'ils retenaient captifs à Grenade,
quand ils furent délivrés, à la prise de cette ville, par
Ferdinand V et Isabelle la Catholique, en 1492. A
l'intérieur, cette église est couverte des plus remarquables sculptures. Les armes de Castille et d'Aragon
y sont représentées sur de larges et riches écussons,
à côté desquels sont appendues, avec une délicatesse
inouïe, deux tribunes de pierre, fouillées à jour,
comme deux dentelles; c'était dans ces tribunes que
Ferdinand V et Isabelle la Catholique assistaient aux
offices, pendant les retraites qu'ils venaient faire dans
ce monastère. Le cloître, à moitié en ruines, mais en
voie de réparation, est un chef-d'œuvre de l'art gothique. Nous l'avons visité, et nous ne pouvions nous
lasser d'admirer ses guirlandes de fleurs et de fruits,
ses arabesques, ses colonnettes si légères et si gracieuses, ses statuettes si finement sculptées, et d'une si
ravissante expression.

Deux autres monuments, de style arabe, anciennes
synagogues, dont l'un est appelé la Maison Blanche
(*Santa Maria la Blanca*), ont excité notre intérêt, par
leurs ornements, leurs dessins mauresques, et leurs
charpentes en bois de cèdre du Liban.

Nous avons voulu faire une seconde visite à la cathédrale; on y célébrait les vêpres, dans deux rites différents à la fois : au chœur, des chanoines chantaient,
suivant le rite romain; et dans une vaste chapelle,

ouverte seulement au moment des offices, d'autres chanoines chantaient suivant le *rite mozarabique*. La cathédrale est si vaste que ces deux chants, d'intonation, de
modulations différentes, ne se contrariaient en aucune
façon. La liturgie *mozarabique* est ainsi appelée des
Mozarabes, chrétiens d'Espagne, qui avaient accepté les
Maures comme souverains, et consenti à vivre sous la
domination arabe, tout en restant fidèles à leur religion; composée au sixième siècle par saint Léandre,
archevêque de Séville, pour l'usage de ces chrétiens,
Espagnols et Arabes en même temps, elle fut remplacée,
au onzième siècle, par la liturgie romaine, mais
cependant conservée encore dans une des chapelles
de la cathédrale de Tolède, où nous avons entendu
les chants bizarres et primitifs qui lui sont spéciaux,
et assisté au cérémonial tout particulier qu'elle comporte.

C'est avec une admiration toujours croissante que
nous nous sommes retrouvés dans cette immense cathédrale si belle, si imposante par elle-même, si splendide
par les innombrables richesses qu'elle renferme ; nous
avons revu les grilles incomparables de fer et de
bronze qui ferment le chœur et les chapelles, les statues d'or, d'argent, de bois, de marbre et d'albâtre
qui décorent les autels, et les stalles des chanoines, les
cloîtres qui lui sont contigus, et qui lui servent comme de
vestibules; nous ne pouvions nous arracher à toutes
ces merveilles.

Pour terminer cette journée, nous fîmes achat de
quelques lames, et de quelques bijoux de Tolède, et

nous regagnâmes la *fonda de lino,* l'hôtel où, le matin, nous avions pris une tasse de ce chocolat espagnol si excellent et sans rival. La *fonda de lino* est le premier hôtel de la ville, et cependant, ses lits ayant la mauvaise renommée de n'offrir qu'une médiocre sécurité, pour le calme que réclame le sommeil, nous préférâmes ne pas nous exposer à des envahissements et à des tourments nocturnes, probables, sinon certains, et nous reprîmes le chemin de Madrid et de notre hôtel de Paris, où nous n'avions à courir aucune malchance de cette nature. Le docteur Rafaël Ulecia y Cardona, *Director propietario fundador* de la REVISTA DE MEDICINA Y CIRUGIA PRACTICAS de Madrid, nous y attendait. Ce savant et très obligeant confrère nous offrait, avec l'empressement et l'amabilité qui le caractérisent, tous ses services pour la durée de notre séjour à Madrid, mais notre temps était compté, nous partions le surlendemain pour Lisbonne.

LE PORTUGAL

LISBONNE — BELEM
UN COMBAT DE TAUREAUX — CINTRA

LE PORTUGAL

LISBONNE — BELEM
UN COMBAT DE TAUREAUX — CINTRA

Le samedi 8 mai, à huit heures du matin, nous prenons le train rapide et direct de Lisbonne (vingt-deux heures de voyage) ; plaines immenses, sablonneuses, sans limites à l'est et au midi ; elles nous rappellent les steppes de la Russie et de la Tartarie ; à l'ouest, elles sont bordées par les grandes chaînes de la Sierra Guadarrama et de la Sierra Guadalupe, dont la neige couvre les sommets les plus élevés ; plaines sans fin, arides, désséchées, incultes le plus souvent ; de loin en loin quelques plantations d'oliviers et de mélèzes ; de pauvres villages sans arbres, sans ombre ; des gares plus pauvres encore, exhalant l'odeur fétide de l'acide phénique, dont elles restent imprégnées depuis le choléra de l'année dernière. Soleil brûlant ; température de feu ; nuages de poussière ; à la *Talaveira de la Reina*, et à *Arroyo*, détestables buffets, où les odeurs et les saveurs alliacées nous sont dispensées avec la plus écœurante prodigalité : tel est le bilan de la journée. Dans la nuit, nous passons la frontière d'Espagne, et nous entrons en Portugal ; dès trois heures du matin, il faisait clair, un monde nouveau nous apparaît ; nous côtoyons la rive droite du Tage ; nous traversons de riches campagnes ; des chants d'oiseaux réjouissent nos oreilles, et à six heures, le dimanche matin, nous sommes à LISBONNE, en portugais *Lisboa*, et bientôt après à l'*hôtel Central*, sur le quai du Tage !

Chers lecteurs, vous rappelez-vous ce vers de Fontenelle :

> L'ennui naquit un jour de l'uniformité.

Si telle est, en effet, la cause de l'ennui, ce boulet, ce ciel noir du désœuvrement et de l'oisiveté, convenez que personne, plus que nous, n'a été à l'abri de ses tristes et sombres atteintes ; car, voyez quels contrastes et quels changements à vue, dans notre vie si mouvementée, si accidentée !... Il y a trois jours, nous étions à Tolède, dans une ville étrange, perchée sur un rocher, n'ayant plus rien, ni de notre temps ni de nos mœurs, et quand, sous les voûtes de sa vieille cathédrale, nous assistions à des vêpres mozarabiques, telles qu'on les chantait au sixième siècle, ne pouvions-nous pas nous croire encore au moyen âge ? Avant-hier, à Madrid, dans un des plus beaux musées du monde, dans les salons de l'ambassade de France, dans le va-et-vient des élégants équipages de la belle promenade du Prado, ne goûtions-nous pas les charmes d'une riche et moderne capitale ? Le lende-

main, hier, un soleil torride nous dévorait dans un désert ;
nous traversions des solitudes, des plaines désolées,
sans eau, sans végétation, sans habitants ; et aujour-
d'hui nous voilà en Portugal, à Lisbonne, dans un
délicieux hôtel, au bord du Tage, sur le quai d'un
fleuve plus imposant que l'Escaut, que le Danube, que
le Volga, et si large que nous apercevons à peine la
rive opposée ; toute une flotte de vapeurs, de voiliers
grands et petits, de transatlantiques, de bateaux de
pêche et de commerce, descend et remonte son courant, navigue, évolutionne sur sa surface, semblable
à une mer ; les fenêtres de notre hôtel s'ouvrent sur
ce grandiose et splendide panorama.

Nous connaissons les golfes les plus célèbres d'Europe, Constantinople, ses palais de marbre, ses minarets et ses mosquées de la Corne-d'Or, de la pointe du
Sérail, et des rives du Bosphore ; Naples, son cap
Misène, ses rivages de Baïa, de Pouzzoles, de Portici,
sur les pentes du Vésuve, ses îles de Capri, de Nisida
et de Procida, qui émergent de la mer, bleue comme
l'azur du firmament ; Gênes, et les admirables courbes
de son vaste amphithéâtre de maisons, de palais,
d'églises, de coupoles. Nous avons abordé à Palerme,
gracieusement étendue à l'ombre de Mont Réal et du
Monte Pellegrino ; les flèches, dorées par le soleil,
de la cathédrale de Sainte-Rosalie, nous apparaissaient,
de loin, par-dessus les bois d'orangers de la *Concha
d'Oro*. Tout près de Charybde et de Scylla, nous nous
sommes reposés dans les murs de Messine, entre les
montagnes de la Sicile et les montagnes de l'Italie, de

la Calabre et de Reggio, qui se profilent sur le bord
opposé du détroit. A l'autre extrémité de l'Europe,
dans la pittoresque Norwège, nous avons vu le golfe,
ou fjord de Throndjem, splendidement illuminé par
les feux du soleil couchant; nous avons vu le golfe,
ou fjord de Christiania, parsemé de bouquets de verdure, d'îles et d'îlots, et dominé par un immense et
majestueux horizon de collines et de montagnes, couvertes d'épaisses et sombres forêts. En France, nous
avons navigué sur tous les golfes de la mer du Mor-
bihan, sur tous les méandrer, sur tous les détroits qui
entourent Locmariaker, Gavrinnis, et la multitude de
ses autres îles; or, dans ce merveilleux livre de la
nature, le golfe de Lisbonne est assurément une des
pages les plus belles et les plus saisissantes.

Pour s'en faire une idée, il faut, comme nous, s'embarquer sur le Tage; c'est alors que les yeux sont
éblouis par le gigantesque tableau d'une ville de
250,000 âmes, déployée sur des hauteurs qui permet-
tent de la contempler en même temps, et dans tous
ses détails et dans tout son magnifique ensemble.
Aucune description ne saurait rendre l'effet de cette
agglomération colossale de maisons, de monuments,
de châteaux royaux, d'églises, d'édifices de toutes
sortes, de jardins, de promenades, de places publiques,
qui surgissent aux regards, comme par enchantement,
apparaissent, à la fois, dans un même cadre, s'élèvent,
se développent d'étage en étage, en amphithéâtre, et
dans une étendue de 10 à 12 kilomètres, sur les pentes, et
jusqu'aux sommets de collines baignées par le fleuve.

A Constantinople, le plus grand charme des yeux est la vue extérieure et générale de la ville, prise du Bosphore et de la tour de Léandre ; c'est un panorama dont le souvenir est enchanteur, et reste ineffaçable ; c'est un monde magique de mosquées, de coupoles, de tours, de minarets, de cyprès, de kiosques, de maisons bariolées de toutes les couleurs. Il en est de même à Lisbonne ; l'aspect extérieur de la ville, vue du Tage, est certainement une des scènes les plus grandioses et les plus splendides que l'on puisse rêver ; mais, comme à Constantinople aussi, à l'intérieur, tout est moins beau. A Constantinople, les rues, presque toutes en montée, ne sont, le plus souvent, que des ruelles étroites, tortueuses, bigarrées, égayées, il est vrai, par les types les plus variés de la plus fantastique population, et par les costumes les plus singulièrement exotiques et bizarres. A Lisbonne, cette couleur locale, si extraordinaire, et d'un si ravissant coup d'œil, n'existe pas ; les rues sont droites, régulières, uniformes, les unes courent parallèlement au fleuve et à ses larges quais ; les autres grimpent en pentes raides, vers les quartiers d'en haut ; c'est une ville de commerce, et toute moderne ; telle qu'elle est, elle ne date que du dernier et trop fameux tremblement de terre de 1755.

Ce fut une épouvantable catastrophe, comparable, dans ses désastreux effets, à celle qui détruisit Pompeï et Herculanum. Le sol, violemment ébranlé, était agité de mouvements convulsifs ; il secouait, renversait les maisons, entassait des monceaux de ruines ; parfois il

se déchirait ; d'effroyables abîmes s'ouvraient, englou-
tissaient tout, hommes et choses, et se refermaient sur
les victimes, dont il n'a jamais été possible de retrouver la moindre trace ; des incendies s'allumaient
au milieu des décombres ; le Tage, bouleversé par une
force inconnue, n'était plus qu'une mer en fureur,
qu'un amoncellement de vagues énormes, de montagnes d'eau, qui se brisaient les unes contre les
autres, et se précipitaient sur la malheureuse ville,
qu'elles submergeaient avec un horrible fracas. Tous
les éléments s'étaient réunis pour cette œuvre de
destruction, inouïe, sans pareille, et dont l'horreur
ne saurait se dépeindre, Les cris des habitants affolés,
des blessés, des mourants se mêlaient à d'effroyables craquements souterrains, aux sifflements de
la tempête, aux mugissements des eaux, au bruit
de l'écroulement des maisons et des édifices ; trente
mille personnes périrent, et la ville fut presque entièrement détruite. Les secousses de ce cataclysme inexpli-
cable, sans exemple dans l'histoire, furent ressenties
jusqu'à Constantinople, et il y a quelques années, quand
nous visitions les eaux de Salins-de-Moutiers, dans la
Haute-Savoie, on nous racontait que la source saline
qui bouillonnait sous nos yeux, au milieu d'un gouffre
dont les profondeurs n'ont jamais pu être sondées,
avait été tarie, le jour du tremblement de terre de Lisbonne. Un seul quartier, dont les petites rues sinueuses
entourent la cathédrale, est resté debout ; toute la
ville actuelle, reconstruite sur l'emplacement et sur les
ruines mêmes de l'ancienne ville, est donc moderne.

Comme toutes les grandes villes modernes, Lisbonne
a un aspect monumental. Ses rues sont longues,
droites, larges et bordées de maisons régulières; elle
a de nombreuses places; la plus belle est la place du
Commerce (*la praça do Commercio*); au nord, elle est
ornée d'un arc de triomphe; au sud, le Tage lui ménage une magnifique et immense perspective; de somptueux édifices embellissent ses autres faces, et, à son
milieu, s'élève la statue en bronze, équestre et colossale,
du roi Joseph Ier, grand administrateur, qui régnait
au moment du tremblement de terre. Dans sa terreur,
il s'était, comme une partie de la population, enfui de
la ville, et avait campé, hors des murs, avec toute la
cour. L'épouvantable désastre avait troublé son esprit,
au point de lui enlever toute idée, toute initiative,
toute énergie : c'est alors que le marquis de Pombal,
son premier ministre, qui avait conservé toute sa force
morale et le sang-froid de son caractère, lui adressa,
pour le rappeler au sentiment de ses devoirs royaux,
ces paroles désormais historiques : *Sire, il faut en-
sevelir les morts, et songer aux vivants!* Sur une autre
place nous admirons le monument du Camoëns, le
premier poète du Portugal, né à Lisbonne en 1517; sa
statue domine les statues de huit écrivains célèbres;
exilé de sa patrie à cause de son amour pour une
grande dame de la cour, il fut relégué en Chine à
Macao; c'est là qu'il composa les *Lusiades*, le poème
auquel il doit son immortalité; il y chante la gloire
des Portugais (Lusitaniens), les exploits et les décou-
vertes de Vasco de Gama, l'illustre navigateur, le

grand homme de mer, qui trouva la route des Indes,
en doublant le cap de Bonne-Espérance.

Puisque nous parlons des grands hommes portugais, n'oublions pas saint Antoine de Padoue, né à
Lisbonne en 1195, et mort à Padoue en 1231. Sa glorieuse mémoire a été honorée par la belle église que
lui a consacrée la ville de Padoue, dans la Lombardo-
Vénétie, magnifique édifice que nous avons visité, ma
chère Pauline et moi, en 1881, et ensuite en 1885, avec
notre excellente amie, madame Zeude.

Parmi les églises de Lisbonne, il en est deux, surtout, qui nous ont laissé de vives impressions. L'une,
située dans la ville haute, est l'ancienne église des
Carmes, de style ogival et gothique; elle est à moitié
ruinée par le tremblement de terre; son sol s'est en-
foncé d'un mètre environ; les piliers de ses trois nefs
sont restés debout, avec les grandes nervures ogivales
qui les relient entre eux; mais les voûtes n'existent
plus, elles se sont effondrées, on y marche à ciel ouvert. C'est un spectacle à la fois imposant, étrange et
navrant, de voir ces rangées de piliers isolés, qui se
dressent dans le vide, qui n'ont plus rien à soutenir
que des arceaux d'ogives, isolés eux-mêmes, et dont
les pierres disjointes menacent de se détacher. Des débris de sculptures, des chapiteaux, des statues ont été
réunis dans cette enceinte, devenue un musée ar-
chéologique, mais restant, avant tout, un monument
saisissant, et un témoin irrécusable d'un des plus
grands cataclysmes qui aient jamais épouvanté le
monde.

L'autre église est celle de Belem, faubourg, ou petite
ville, à 8 kilomètres de Lisbonne, sur la rive droite, et
à l'embouchure du Tage ; nous nous y sommes rendus
en bateau, et, tout en descendant le cours du fleuve,
nous ne pouvions détacher nos yeux de l'admirable
panorama de la ville, de l'aspect enchanteur de toutes
ces collines baignées par le Tage, et dont les versants
nous apparaissaient, à perte de vue, revêtus comme
d'une mosaïque, d'un pêle-mêle éblouissant de jardins,
d'églises, de palais, de maisons de toutes les formes et
de toutes les couleurs.

L'église de Belem appartenait au couvent des Hiéronymites ou Jéromistes, religieux fondés en 1370, par
Thomas de Sienne, du tiers-ordre de saint François ;
l'éducation de la jeunesse était leur mission, et, tout
en s'y adonnant, ils suivaient, ainsi que leur nom l'in-
dique, la règle et les exemples de saint Jérôme, leur
modèle et leur patron ; le malheur des temps a voulu
qu'ils fussent expulsés, et remplacés par des laïques,
directeurs d'un orphelinat de jeunes garçons.

Extérieurement, le monastère a été conservé dans
toute son intégrité. Sa longue et magnifique façade se
profile avec une imposante majesté sur le bord du
Tage ; elle se compose de trois parties, de deux édifices à fenêtres ogivales, à contreforts effilés en pointes
pyramidales, et rehaussés, à leurs extrémités, par
quatre clochers de pierre d'une structure élancée, et
du plus gracieux effet. Au centre, s'élève l'église, surmontée d'une haute coupole ; elle est couronnée, festonnée dans toute son étendue, et dans toutes ses

parties, par une splendide décoration d'arcs-boutants, d'arabesques, de frises, de colonnettes, de statues, de clochetons sculptés, ciselés dans la pierre, avec une délicatesse à confondre l'imagination. La porte principale est un prodigieux chef-d'œuvre qui vous laisse ébahi de la profusion et du charme de ses richesses architecturales. Ce sont des enchevêtrements d'ogives et de pleins-cintres, des torsades, des guirlandes de fleurs, de fruits et de feuillages, des niches, des flèches, des supports, des encorbellements, des pendentifs taillés, fouillés à jour comme des dentelles, où d'innombrables saints et saintes sont groupés à tous les étages, à toutes les hauteurs avec un art infini. L'intérieur de l'église offre un ravissant coup d'œil; le gothique et le mauresque y ont déployé toutes les ressources, toutes les inspirations de leur génie; les piliers sont des chefs-d'œuvre de légèreté, de grâce et d'élégance, et les voûtes laissent voir, partout, les motifs décoratifs les plus habilement conçus, et les plus finement exécutés.

De l'église, on passe dans les cloîtres; là encore tout est merveilleux; leur double étage de galeries travaillées, ornementées avec un luxe de détails incomparable, les retombées des voûtes, les colonnes, les rosaces, d'un charme, d'un goût exquis vous transportent d'admiration. Chers lecteurs, veuillez croire que nous n'exagérons rien, et ne nous prenez pas pour un enthousiaste de parti pris. L'église et les cloîtres de Belem sont des merveilles, nous ne saurions trop le répéter; que tous ceux qui aiment et recherchent le beau, dans son idéal, aillent donc les visiter et les admirer !

Comment se fait-il qu'un gouvernement ait eu le triste courage d'expulser des religieux, créateurs et ouvriers de pareils chefs-d'œuvre? C'est avec un véritable sentiment de tristesse et de douleur que nous nous sommes trouvés dans ces cloîtres merveilleux, au milieu de deux ou trois cents bambins, dont les cris, les jeux tapageurs et enfantins nous semblaient une profanation et un sacrilège, sous ces voûtes élevées par le génie et par la foi, pour les graves pensées, pour le recueillement et la prière.

La cathédrale de Lisbonne (basilique de *Santa Maria*), désignée sous le nom de la *Sé*, n'a rien de remarquable. Nous y avons assisté, dans la matinée du dimanche, à un office capitulaire qui manquait absolument de dignité.

L'après-midi de ce même dimanche, il y avait course et combat de taureaux. Les Portugais ont compris ce genre de spectacle tout autrement que les Espagnols; en Espagne, c'est une lutte à mort, c'est une tuerie, un massacre, un carnage; les chevaux, toujours les moins forts, restent éventrés sur le terrain, et le taureau vainqueur est vaincu à son tour par le sang-froid, le courage et la téméraire hardiesse du *toréador*, qui, d'une main sûre et merveilleusement habile, le transperce de son glaive, et l'étend raide mort à ses pieds, aux acclamations enthousiastes des spectateurs.

En Portugal, c'est le triomphe, sans victimes, de l'audace et de l'agilité sur la force brutale, sur la fureur et la férocité bestiales; c'est l'indomptabie taureau, exaspéré par les provocations les plus irritantes, vaincu, avec la vie sauve, par les périlleuses et admirables manœuvres de l'intrépide *toréador*. Les Portugais recherchent, avec passion, les émotions vives et poignantes du cirque, mais ils les aiment sans les hideuses péripéties, et sans les scènes sanglantes auxquelles se plaisent les Espagnols.

Venez donc avec nous, chers lecteurs; suivez-nous sans craintes et sans scrupules. L'amphithéâtre, ou cirque, est situé dans la ville haute; c'est un immense édifice, trop vaste pour qu'il soit possible d'y être abrité de la chaleur, même sous un simple velum; il est divisé en deux parties, l'une est le côté du soleil, le mot SOL y est inscrit en gros caractères, ce sont les places les plus communes; l'autre est le côté sombre, ou côté de l'ombre (SOMBRA), ce sont les meilleures places, celles que nous avons choisies. Quinze ou vingt mille spectateurs sont assis, à ciel ouvert, sur des banquettes en gradins. L'arène est entourée de deux barrières, l'une intérieure, l'autre extérieure, plus élevée, au-dessus de laquelle sont placés les spectateurs; ces deux barrières laissent entre elles un espace vide, ou chemin de ronde, de trois mètres environ de largeur, qui sépare le public de l'arène. Deux tribunes, situées en regard l'une de l'autre, sont occupées, l'une par un corps de musique, l'autre, près de laquelle nous sommes assis, par les représentants du pouvoir.

Au-dessous de la tribune des musiciens, en face de

nous, par conséquent, est une large porte ; au signal donné par les clairons, cette porte s'ouvre, et donne passage à un brillant cortège : c'est la QUADRILLA tout entière, qui fait son entrée solennelle dans l'arène, au son de la musique ; elle se dirige lentement vers la tribune des autorités ; en tête marche le chef des *toréadors*, monté sur un magnifique cheval blanc ; derrière lui s'avancent, à pied, tous les *toréadors*, *torreros*, *banderilleros*, *picadors*, *cappadors*. Tous ces hommes, superbement taillés, et des formes athlétiques les plus élégantes, sont magnifiquement costumés de velours, d'or et d'argent. Ils arrivent tout près de la tribune, saluent, s'inclinent profondément, et nous rappellent le *Cæsar, morituri te salutant* des gladiateurs romains ; puis ils se retirent à reculons, et sortent par leur porte d'entrée.

L'arène est vide quelques instants, mais bientôt la même porte s'ouvre de nouveau, et le chef des *toréadors* reparaît sur son cheval blanc ; il est seul, et tient à la main des *banderillas*, sortes de javelots ornés de touffes de rubans ; il se place fièrement au milieu de l'arène, en face d'une autre porte ; les clairons sonnent, et un énorme taureau noir s'élance....., l'homme et le cheval restent immobiles, impassibles....., le taureau s'arrête un instant, comme étonné de leur audace, il les regarde d'un œil farouche, et, tête baissée, il se précipite sur eux.... Au moment où nous les croyons culbutés, pourfendus, le cheval s'enlève, bondit, se jette de côté ; le taureau, lancé à fond de train, le frôle d'une de ses cornes, mais en même temps il reçoit de la main du toréador une *banderilla*, qui s'implante sur son échine. L'animal, furieux de douleur, étourdi des cris, des applaudissements qui retentissent de tous les côtés, revient sur le cheval, qui s'esquive de toute sa vitesse ; il vole, il a des ailes, c'est un galop effréné, c'est une course furibonde ; s'il est atteint, il est mort, lui et son cavalier ; mais, par des bonds effrayants, et vraiment merveilleux, à droite et à gauche, il échappe à la bête forcenée, acharnée à sa poursuite, et qui, à chaque instant, se sent blessée par de nouvelles *banderillas*, que lui décoche le toréador. Le taureau, criblé d'une douzaine de *banderillas* enfoncées dans ses chairs, et qui font couler son sang, se livre à tous les paroxysmes, à tous les emportements de la fureur ; la bave et la sueur l'inondent ; il rugit, fait entendre d'horribles beuglements : il se cabre, se secoue avec rage, pour se débarrasser des javelots enrubanés qui se balancent sur ses flancs, et dont il est ensanglanté ; il n'ose plus attaquer le cheval, dont chaque approche lui a valu la piqûre cuisante et acérée d'une *banderilla ;* il est haletant, épuisé de forces, réduit à l'impuissance, vaincu..... Alors des tonnerres d'applaudissements frénétiques éclatent de toutes parts, ce sont des cris, des trépignements d'enthousiasme ; les chapeaux, les mouchoirs s'agitent, tous les spectateurs sont debout, battent des mains, saluent, acclament le cheval et le cavalier vainqueurs, qui se retirent noblement et à pas lents, au milieu des plus enivrantes ovations.

Le taureau, resté seul sur le terrain de sa défaite, ne

sachant plus à qui s'en prendre et où porter ses coups, écume de rage et de douleur; il va, vient, court, s'arrête, regarde de tous côtés, fait des bonds désordonnés; hors de lui, d'impatience et de colère, il frappe la terre de ses pieds; il a soif de vengeance; ses beuglements, ses mouvements de tête sont féroces..... A ce moment une porte s'ouvre et un paisible troupeau de bœufs ayant chacun une clochette au cou, conduits par de bons gros bouviers, entrent dans l'arène. Cette apparition calme, comme par enchantement, la fureur du taureau; on dirait qu'elle lui rappelle de doux souvenirs, la vie des champs, les pâturages, le ruisseau de l'abreuvoir. S'il a pu rêver la gloire, les combats, les applaudissements des amphithéâtres, hélas! il est bien désabusé! il retourne maintenant au village, et quitte l'arène, au milieu, et dans les rangs de ses rustiques compagnons de prairie, heureux de les avoir retrouvés; mais emportant avec lui, implantées dans sa peau, les *banderillas*, qui lui ont appris ce que valent les bruits et les grandeurs du monde.

Après les palpitantes émotions de ce premier combat, en voici un autre; cette fois, c'est l'homme seul qui entre en lice: un jeune *toréador*, une *banderilla* dans chaque main, se poste dans l'arène; un second taureau, non moins farouche que le premier y fait irruption, et l'œil en feu, se précipite, tête baissée, sur le téméraire qui ose le braver. Ses cornes ont beau être émoussées, son choc n'en est pas moins terrible; aussi, quelle émotion! quelle angoisse!..... Le *toréador*, impassible, attend de pied ferme, et, au moment où nous le croyons éventré, il s'efface avec un prodigieux sang-froid et une merveilleuse précision ; le taureau passe, sans le toucher, et reçoit, en même temps, les deux *banderillas*, qui, maniées par une main sûre et vigoureuse, s'enfoncent dans ses chairs ; la douleur l'exaspère, augmente sa fureur, il se retourne, et de sa course la plus impétueuse, fond sur le toréador, qui n'a de salut que dans la fuite. Mais sa vitesse n'égale pas celle du taureau ; il va être atteint, écrasé, broyé, lancé en l'air..... Heureusement il est agile ; dans ce suprême danger, d'un bond il franchit la barrière, et le voilà dans le chemin de ronde, en dehors de l'arène, sauvé !

A ce moment cinq ou six *cappadors* entrent en scène ; ils agitent, de cinq ou six côtés à la fois, et tous ensemble, des *cappas* rouges, jaunes, vertes ; ces couleurs, vives et criardes, provoquent, agacent, harcèlent le taureau ; furieux, il commence l'attaque et s'élance sur un des *cappadors :* cet homme, intrépide, imperturbable, voit, sans sourciller, le monstre arriver sur lui... A l'instant précis et décisif où il va être culbuté, il s'efface brusquement, se jette de côté, sans lâcher le *cappa*, et dans sa charge furibonde, trop rapide et trop violente pour qu'il puisse se diriger, le taureau donne en plein dans le *cappa*, et s'en enveloppe, s'en coiffe la tête, aux acclamations des spectateurs. Aussitôt qu'il a pu se débarrasser de cette ridicule coiffure, de ce manteau qui l'aveuglait, il fond sur un autre cappador ; celui-ci, pris à l'improviste, n'a d'autre ressource que la vitesse de ses jambes..... Au moment d'être atteint il fait un bond désespéré et franchit la barrière, mais le taureau, acharné à sa poursuite, la franchit aussi ; l'homme et l'animal tombent ensemble, et l'un sur l'autre, en dehors de l'arène, dans le chemin de ronde... Un cri d'horreur et d'effroi s'échappe de toutes les poitrines, tout le monde est debout, l'anxiété est à son comble ; la *quadrilla* tout entière se précipite au secours du malheureux *cappador ;* on le dégage, et, après une attente qui a semblé longue, il reparaît dans l'arène, salué par les applaudissements les plus enthousiastes ; sa figure est ensanglantée, ce qui ne l'empêche pas, quelques instants plus tard, de reprendre ses périlleux exercices, et de provoquer un troisième taureau.

Nous n'avons aucune illusion sur le mérite et la portée de ces pages ; elles ne sont ni une peinture n une description ; il y a en effet des choses tellement extraordinaires, qu'elles ne sauraient être décrites, et des impressions tellement vives, que ceux-là seuls qui les ont éprouvées peuvent s'en faire une idée : telle est cette course de taureaux ; elle a été un des épisodes les plus saisissant de tout notre voyage. Pendant quatre heures nous avons été témoins de véritables prodiges d'audace, d'agilité, de courage, de sang-froid ; pendant quatre heures, nous avons pu voir à quel admirable degré de perfection peuvent atteindre les aptitudes naturelles de l'homme, quand elles sont développées par l'intelligence et le travail ; sa faiblesse même devient une puissance à laquelle rien ne résiste, un art merveilleux contre lequel échouent les plus fou-

gueux emportements de la force brutale. Ces *toréadors*
ont dépassé tout ce que notre imagination avait rêvé
de plus fantastique. Le cavalier a déployé, dans deux
courses, et contre deux taureaux, des qualités inouïes
d'élégance, de témérité, de sang-froid ; le cheval, rapide
et léger comme une gazelle, bondissait, papillonnait,
tourbillonnait à droite et à gauche, et se dérobait par
cette voltige, aussi gracieuse que savante, à des chocs
dont la violence et l'impétuosité lui auraient coûté la
vie. Les *piccadors*, les *cappadors* nous faisaient trembler
par l'incroyable hardiesse de leurs manœuvres : quatre
taureaux sur dix ou douze, qui parurent dans l'arène,
sautèrent, en même temps qu'eux, par-dessus la
barrière, derrière laquelle ils cherchaient un refuge.
Les *banderilleros*, courant sus aux taureaux, ou les
attendant de pied ferme, les criblaient de *banderillas*,
comme on crible une pelote d'épingles ; les *cappadors*,
sans autre arme offensive et défensive que la *cappa*, se
jouaient des taureaux les plus féroces ; ils s'asseyaient,
se mettaient à genoux devant eux, les faisaient tourner,
gambader, comme on fait tourner et gambader un
jeune chien ; jamais nous n'avions vu pareille prestesse
et pareille témérité ; jamais nous n'avions vu affronter
le danger avec une pareille gaieté et un tel charme
d'allures. C'était un spectacle qui, à la fois, transpor-
tait d'admiration et glaçait d'épouvante ; on applau-
dissait, et on frissonnait en même temps ; aussi, dans
un entr'acte, je ne pus résister au désir de serrer avec
la chaleur de l'enthousiasme la main de tous ces
hommes, chez lesquels l'art le plus consommé dirige

tous les entraînements de l'audace, tous les stratagèmes de l'agilité, aussi bien que tous les calculs du sang-froid le plus courageux et le plus imperturbable.

Le bourg de Cintra est à 7 lieues environ de Lisbonne; c'est une résidence royale et princière, un lieu de plaisance, une villégiature d'été des riches Lisbonnais, et de plus, un de nos souvenirs les plus enchanteurs. Nous ne pensons pas que l'on puisse rien imaginer de plus délicieux que ce ravissant pays, où tout se réunit pour le charme des yeux, où l'art et la nature déploient toutes leurs richesses, où l'on trouve de merveilleux palais, de riantes habitations, la mer d'un bleu d'azur à l'horizon, de pittoresques rochers, des cascades, des montagnes, des vallées et la végétation luxuriante des régions tropicales.

Le 10 mai, à sept heures du matin, par un temps splendide, nous partions, en voiture découverte, de notre *hôtel Central;* nous gagnions les quartiers les plus élevés de la ville, et les hauteurs, d'où la vue embrasse tout le cours du Tage, le golfe et tout le magnifique panorama de Lisbonne. Des parcs, des jardins, de hautes futaies d'arbres exotiques attirent de tous côtés nos regards; nous parcourons la vallée d'*Alcantara,* traversée par l'immense aqueduc qui amène les eaux potables, dont la ville a besoin. La route est bordée, tantôt de géraniums arborescents, aux belles fleurs rouges, de cactus aux corps robustes, épineux, contournés et difformes, et aux larges raquettes enguirlandées de fleurs jaunes, et tantôt d'énormes aloès, dont les tiges droites et élancées ressemblent à des poteaux télégraphiques, ou à de gigantesques asperges, qui auraient quatre ou cinq mètres de hauteur.

Nous sommes accostés par un indigène, aux cheveux crépus, au teint basané, sorte de mulâtre, de vingt-cinq à trente ans, vigoureusement constitué, et parlant assez bien français; pendant plus d'une demi-heure, sous un soleil torride, et sans donner aucun signe d'essoufflement et de fatigue, il accompagne, au grand pas de course, notre voiture, menée au trot rapide de deux excellents chevaux. Tout en courant ainsi à nos côtés, il nous donne d'intéressants et utiles renseignements, nous demande de le prendre pour guide, et nous offre ses deux ânes, bêtes de choix et jarrets d'acier. A dix heures, nous arrivons à Cintra, et à l'hôtel *Laurence,* où nous déjeunons.

Chers lecteurs, connaissez-vous des esprits blasés, des cœurs émoussés, indifférents, insensibles à toutes choses, parce qu'ayant usé, abusé de tout, ils en sont à un état de satiété qui exclut toute émotion, toute jouissance? Connaissez-vous de ces âmes fatiguées de vivre, parce qu'ayant bu à la coupe de tous les plaisirs, elles ont fini par y trouver le dégoût? de ces âmes découragées, traînant après elles cet écrasant et insupportable fardeau qu'on appelle l'ENNUI, et que notre éminent et si regrettable confrère, M. le docteur Brière de Boismont, a si bien décrit, sous le nom de *tædium vitæ,* l'ennui de la vie? Si vous en connaissez, envoyez-les à Cintra; elles y trouveront la guérison du mal moral qui les dévore, les consume et les tue. Ces perspectives idéales sur l'océan; ce merveilleux château moyen âge et mauresque, juché comme un nid d'aigle à la cime d'un rocher ; ce palais arabe du *Monte Serrato*, dans les jardins d'Armide ; ces eucalyptus globulus, plus superbes et plus altiers que les pins de la Norwège, qui se dressent et se balancent de tous côtés, à d'incroyables hauteurs ; ces massifs, ces berceaux, ces allées bordées et couvertes d'orangers, d'hortensias bleus, de myrtes, de magnolias, de camélias, de rosiers en arbres ; ces bananiers, ces palmiers des plages de l'équateur et des tropiques ; ces gracieuses villas étagées sur tous les versants, au milieu des fleurs et des bocages, tout cela, tout cet ensemble harmonieux et féerique, toutes ces merveilles de l'art et de la nature, captivent les yeux, exaltent l'imagination, chassent toute autre idée, et ne laissent de place que pour l'enthousiasme et l'admiration !

Ma chère Pauline et moi, montés sur les ânes de *José Lancia* notre guide, l'infatigable coureur, venu si loin à notre rencontre, nous gravissons les sentiers de la montagne, au sommet de laquelle est si hardiment perché le château de la *Penha*, demeure de don Fernando, père du roi de Portugal. Cet édifice bizarre, mélange extraordinaire de tous les styles, est d'un aspect fantastique ; on y trouve poternes, ponts-levis, tours et tourelles, créneaux, encorbellements, ogives, cloîtres, chapelle, vitraux du moyen âge, en même temps que les colonnes, les arceaux, les sculptures, les découpures et les faïences émaillées, les dentelles de l'architecture arabe, et que les coupoles bulbeuses de la Russie et de l'Orient. Et quel panorama ! quel horizon ! D'un côté,

l'océan; de l'autre, des rochers couronnés par les ruines
du vieux château des rois maures, et tout près, et tout à
l'entour, sur les pentes de la montagne, un parc immense, où croissent en infinie variété les plus magnifiques végétaux de tous les climats.

Il y a quelque vingt ans, un richissime Anglais,
cousu de millions, M. *Kook*, visita Cintra; ce ravissant
séjour le charma au point qu'il résolut de s'y établir;
il acheta le *Monte Serrato* et toutes ses dépendances :
sur le haut de la colline, il construisit un palais mauresque, qu'il peupla de chefs-d'œuvre et d'objets d'art
de toutes sortes; à la base et sur les flancs de la colline,
il dessina un parc et de splendides jardins, où furent
cultivées les plantes les plus rares et les plus précieuses
demandées à toutes les latitudes. Dès lors, les environs
de Lisbonne lui furent redevables d'un de leurs plus
séduisants attraits; aussi le gouvernement portugais
lui conféra le titre de comte de *Monte Serrato*.

Au sortir du château de la *Penha*, nous prîmes le
chemin du *Monte Serrato;* pendant plus d'une heure
nos ânes, avec une vigueur de jarret en rapport avec
le fardeau qui pesait sur leurs épaules, montèrent et
descendirent les sentiers les plus pittoresques, et quelquefois les plus abrupts.

Arrivés à l'entrée du parc, nous mettons pied à terre,
et, sous de frais ombrages, par des pentes habilement
ménagées, nous nous dirigeons vers le palais, dont
nous apercevons, par-dessus les arbres, les gracieuses
coupoles mauresques. Tout à coup un bruit étrange
frappe nos oreilles; il nous semble entendre, dans

ces bocages et au seuil de ce palais arabe, les sons graves et harmonieux du bourdon de Notre-Dame; c'était un gong chinois, dont les bruyants retentissements annonçaient le repas du milieu du jour. Nous gravissons les marches du péristyle; aucun être humain ne nous apparaît, à l'exception du domestique qui frappait sur le gong.

L'année dernière, au château de Miramar, sur les bords de l'Adriatique, près de Trieste, grâce à une galerie extérieure sur laquelle les fenêtres étaient largement ouvertes, nous avions pu voir les appartements habités alors par la princesse impériale d'Autriche; une semblable galerie, élégante vérandah, soutenue par des colonnettes de marbre, et toute festonnée de fleurs, nous permit d'admirer l'intérieur du palais, les richesses de ses salons, les colonnes de marbres de toutes les couleurs, couronnées de chapiteaux de marbre blanc découpés, fouillés à jour comme de la guipure, les lustres du cristal le plus limpide, les vases, les statues, les fontaines jaillissantes, les voûtes, les ogives, les murs tout couverts des plus fines arabesques de dentelles, de fleurs et de feuillages sculptées dans le stuc et dans le marbre.

Tandis que nos yeux se promenaient ainsi au milieu de toutes ces splendeurs, plusieurs dames et M. Kook, en jaquette de coutil blanc, appelés par le gong, traversent les parterres, montent les degrés du péristyle, et s'arrêtent non loin de nous, dans la galerie, d'où la vue embrasse, non seulement l'intérieur du palais, mais encore tout le délicieux panorama du parc. Nous allons à leur rencontre... accueil des plus courtois, échange de tous les compliments dictés par la situation, et libre pratique spontanément et très gracieusement octroyée du parc et des jardins... Sous des ombrages impénétrables aux rayons du soleil, sous des tonnelles, entre des murailles de fleurs, à l'ombre de grottes mystérieuses, rafraîchies par toutes les brises de l'air, au bruit des cascades, au murmure des eaux, nous avons pu admirer tout ce que peut produire de merveilles le génie des modernes Le Nôtre, sur un terrain qu'arrosent les flots d'or du Pactole.

De retour à l'hôtel *Laurence*, nous quittons le brave *José Lancia* et ses deux ânes, sur lesquels nous avions chevauché pendant quatre heures. Une aimable et jolie personne, la fille du propriétaire de l'hôtel, veut, à son tour, être notre guide, et, sous la conduite de ce charmant cicerone de vingt ans, nous visitons le château royal, construction originale de style arabe surmontée de coupoles sarrazines, arrondies et effilées en forme de cônes. Quelques-uns de ses salons se distinguent par la plus bizarre et la plus étrange ornementation ; ainsi, dans l'un, on ne voit que des pies ; elles sont peintes en nombre infini, et sur les murs et sur la voûte, et chacune de ces pies tient à son bec une banderole sur laquelle on lit : *e por bem.*

Voici l'explication, ou la légende de cette singulière décoration : au quinzième siècle, le roi de Portugal, Jean Ier d'Avis, fut un jour surpris par sa femme, Philippine de Lancastre, embrassant une dame de la cour ; le roi ne se déconcerta nullement, et se contenta de dire à la reine : *e por bem* (c'est pour le bien). Pensant que cette aventure allait se répéter de bouche en bouche, et voulant faire taire tous les caquetages, il ordonna, pour le lendemain et les jours suivants, de grandes chasses auxquelles il envoya toute la cour. Resté seul au palais, il fit, pendant ce temps-là, couvrir de pies la voûte et les murs de cette salle et peindre au bec de chacune de ces pies le fameux *e por bem*, dont il voulut désormais faire sa devise royale. Une autre salle est fastueusement décorée des soixante-quatorze écussons des soixante-quatorze familles les plus nobles du Portugal ; deux de ces écussons restent vides ; les portraits qui s'y trouvaient en ont été effacés ; ce sont ceux de deux seigneurs qui avaient conspiré contre le roi Joseph Ier.

A cinq heures, nous quittons Cintra ; on voudrait, comme M. Kook, y passer sa vie dans l'heureuse et paisible contemplation d'une nature idéalement belle. Pourquoi faut-il qu'un nouvel Horace n'ait pas chanté ce nouveau Tibur ? pourquoi faut-il que la muse si délicieusement inspirée de Lamartine ne soit pas venue se reposer quelques instants, sur ce poétique rivage, comme au bord du LAC, où elle fit entendre de si doux et si harmonieux accents ?

A huit heures, nous étions de retour à Lisbonne.

Le lendemain, dès le matin, à l'heure des visites médicales, je me rendis au grand hôpital de Saint-Joseph, qui contient neuf cents malades ; j'y fus accueilli avec le plus aimable empressement, par le docteur Ferraz de Macedo, professeur de clinique, et par le docteur Alredo de Figueiredo, chirurgien en chef de ce vaste établissement. Nous parcourûmes ensuite la ville en tous sens, *passim*, comme disaient les anciens. On faisait partout des préparatifs de fête pour le prochain mariage du duc de Bragance avec la princesse Amélie d'Orléans; nous visitâmes plusieurs églises et nous fîmes l'excursion de Belem.

En Portugal, on trouve, moins qu'en Espagne, ce que l'on appelle la *couleur locale, le cachet original;* le costume n'a rien de spécial; on ne voit ni mantille ni cappa, comme en Espagne; les hommes et les femmes sont vêtus comme à Paris; la population est polie, douce, d'un commerce agréable, le teint est le plus souvent basané et les cheveux noirs. Nous n'avons pas rencontré, comme à Madrid, à Cadix et à Séville, de ces types superbes, devant lesquels on s'arrête avec admiration. En raison de sa situation occidentale, Lisbonne retarde de 55 minutes sur l'heure de Paris; il est déjà midi à Paris, quand il n'est encore que 11 heures 5 minutes à Lisbonne. La langue portugaise est une langue à part, tout à fait différente de la langue espagnole; les monnaies des deux pays ne sont pas moins différentes; les monnaies d'Espagne ressemblent beaucoup à celles de France, puisque le *peseta* vaut *un franc.* Il n'en est pas de même en Portugal, où le type monétaire est le *reis;* et si on ne savait pas que *mille reis* ne valent que *cinq francs,* on éprouverait de singulières impressions à la présentation d'une note qu'il s'agit d'acquitter. Ainsi voici les notes que nous eûmes à payer :

Voiture de Lisbonne à
Cintra, pour la jour-
née, aller et retour...   4,500 reis   (25 francs).
Déjeuner à l'hôtel Lau-
rence, à Cintra.......   2,260 reis   (11 francs).
Trois journées à l'hôtel
Central, à Lisbonne,
voitures de ville, et dé-
penses diverses.......   23,561 reis   (130 francs).

Il y a donc, entre les Espagnols et les Portugais, de très sensibles différences : ce sont deux peuples juxtaposés, mais nullement fusionnés : chacun d'eux a sa langue, ses mœurs, ses usages; sa nationalité distincte; aussi, un voyage en Portugal est-il le complément nécessaire d'un voyage en Espagne; ce voyage doit être enclavé dans celui d'Espagne; il doit en faire partie, en être un appendice, de même que le Portugal est enclavé lui-même, géographiquement, dans la Péninsule ibérique.

Nous aurions voulu faire un plus long séjour dan ce petit royaume : nous aurions voulu visiter *Mafra,* son palais, sa magnifique église son immense couvent, splendides édifices, gigantesques constructions du moyen âge, que l'on ne saurait trop admirer. Nous aurions voulu contempler, dans les cloîtres de Bathala, les merveilleux tombeaux de la belle et malheureuse Inès de Castro, et du roi Pierre le Justicier, son mari, après avoir été son amant. Nous aurions voulu voir Coïmbre, cruellement éprouvée, en 1755, par le tremblement de terre de Lisbonne, et fameuse par son université, sa belle cathédrale et son superbe couvent de Sainte-Claire ; le temps nous a manqué : peut-être, un jour, si Dieu le permet, nous sera-t-il donné de combler ces regrettables lacunes. Nous n'avons pu passer que trois jours en Portugal, trois jours, qui certainement, comptent parmi les plus beaux de tout notre voyage. Les souvenirs de Lisbonne, de son golfe sur le Tage, de sa course de taureaux, de l'église et des cloîtres de Belem, de Cintra, de ses palais et de ses jardins féeriques, sont de ceux qui remuent l'âme trop profondément, et qui laissent des impressions trop vives et trop délicieuses, pour qu'ils puissent jamais être oubliés.

Le mardi, 11 mai, à sept heures du soir, nous quittons, avec peine, notre excellent *hôtel Central*, que nous ne saurions trop recommander à nos amis ; la vie y est si douce et si confortable ! le personnel si prévenant ! les perspectives sur le Tage, si merveilleusement belles ! et nous partons directement pour *Cordoue ;* le voyage doit être de plus de vingt-six heures ; nous ne devons y arriver que le lendemain, à neuf heures et demie du soir, long et pénible trajet auquel il faut se résigner.

Dans un voyage, tout est l'image de la vie. Elle aussi n'est qu'un chemin à parcourir, et qu'un espace à traverser. Les jours, comme les étapes du voyage, se suivent, avec des situations nouvelles ; à des joies, à des plaisirs, succèdent des tristesses et des ennuis ; à des heures de repos, des heures de fatigue ; à des enchantements, des déceptions ; à la sérénité d'un beau ciel, des nuages qui assombrissent l'horizon.

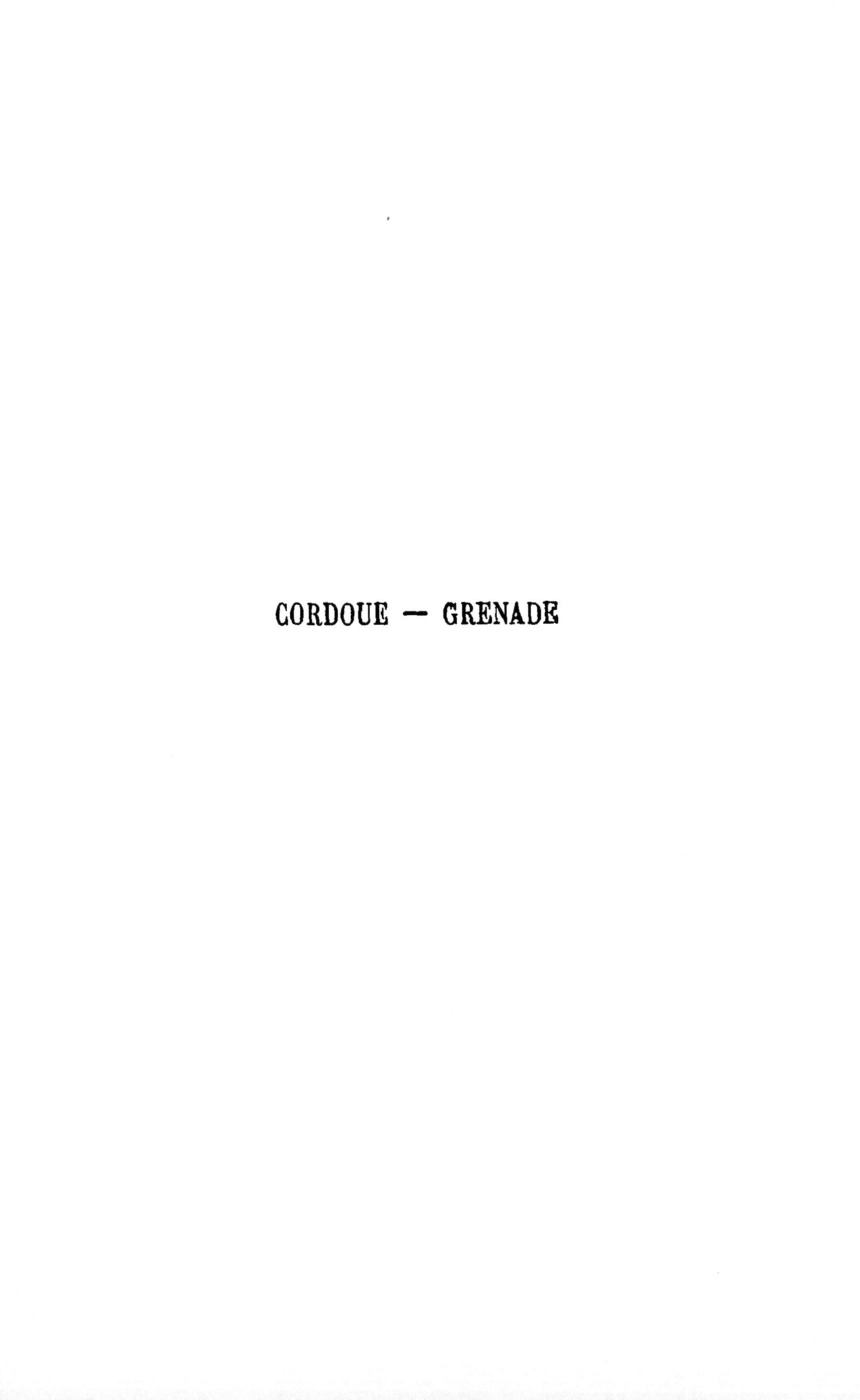

CORDOUE — GRENADE

CORDOUE — GRENADE

Le 12 mai, à sept heures du matin, après une nuit
de train rapide, nous franchissons la frontière du
Portugal, et, à Badajoz, nous subissons la douane espagnole ; le chemin de fer est bordé de haies d'oliviers, de cactus et d'aloès. Le pays est plat, monotone, mais fertile ; la moisson est déjà commencée,
on coupe les blés (12 mai!). Sur l'une des stations,
nous voyons écrit : MONTIJO : c'est là que se trouvent
les propriétés de notre infortunée impératrice, la sou-
veraine de tant de charmes, la femme de tant de douleurs! duchesse de Montijo, avant son mariage avec
Napoléon III. Plus loin, on s'arrête au buffet de Mé-
rida ; des essaims de mouches voltigent et bourdonnent
autour de la table, enveloppée d'une sorte de mous-
tiquaire, une affreuse odeur d'ail et d'huile brûlée nous
avertit que le déjeuner est servi ; courage!... Socrate
a bien bu la ciguë ; que cette pensée nous donne du
cœur... mangeons !

Le soir, nous traversons les sombres défilés, les
gorges de la Sierra Morena ; de gigantesques rochers
nous entourent, et semblent nous enfermer dans d'infranchissables barrières ; leurs masses énormes, amon-
celées de tous les côtés, et à toutes les hauteurs, nous

représentent un chaos sans issue possible ; nous roulons sur les bords de précipices effrayants. Ces sommets inaccessibles, ces solitudes d'aspect sinistre, ces cavernes qui s'enfoncent dans le flanc des montagnes, à des profondeurs inconnues, ces ravins, ces gouffres sinueux, sont de véritables repaires ; une apparition, une attaque de brigands seraient de mise dans cette nature sauvage, et compléteraient le tableau de toutes ces scènes d'épouvante. Heureusement, nous avons avec nous, comme dans tous les chemins d'Espagne, deux gendarmes armés de toutes pièces ; aussi nous sortons sans fâcheuse rencontre de ces dangereux passages, et, à neuf heures et demie, après plus de vingt-six heures de route, nous arrivons à Cordoue, dans un excellent hôtel, la *fonda de Suizo*, l'hôtel Suisse.

CORDOUE (*Cordova*) est une ville de 50,000 âmes, située sur la rive droite du Guadalquivir, et dans la belle plaine qui descend des versants de la Sierra Morena. Elle a le cachet original qui caractérise les villes d'Espagne : rues étroites, tortueuses, cailloutées ; maisons basses et blanches, dont les petites portes sont toujours ouvertes sur un vestibule dallé de marbre, au fond duquel on aperçoit, à travers les arabesques et les découpures d'une autre porte de fer, toujours fermée, le *patio*, avec ses orangers, ses palmiers, ses bouquets de fleurs et de verdure, ses lustres de cristal et sa fontaine jaillissante. Au midi, elle est baignée par le Guadalquivir, que l'on traverse sur un pont de pierre de seize arches, construit pendant la domination des Romains, par l'empereur

Octave Auguste, et défendu, sur la rive opposée à la ville, par une forteresse mauresque; d'épaisses et hautes murailles, flanquées de grosses tours crénelées, de l'époque sarrasine, forment tout autour de la ville une enceinte continue, qui devait, au moyen âge, défier toute attaque.

Cordoue ne serait qu'un dédale inextricable de rues sans perspectives, si elle n'était pas comme partagée en deux parties égales, par la *plaza Mayor*, ou place de la Constitution; si, surtout, on n'éprouvait pas la surprise la mieux ménagée et la plus inattendue, alors qu'au débouché d'un véritable labyrinthe, on se trouve, tout à coup, en face du grand *patio* planté d'orangers, jardin d'aspect oriental, riant et pittoresque parvis de la grande mosquée, et de la cathédrale.

Ici, chers lecteurs, recueillons-nous : voici une des merveilles du monde : au huitième siècle, l'an 756, le Calife Abdérame Ier, qui avait fait de Cordoue sa capitale, voulant y manifester sa puissance par un monument de dimensions inconnues et d'une incomparable splendeur, fit construire, sur l'emplacement d'une église chrétienne, cette mosquée, la plus grande, la plus magnifique qu'on eût jamais vue. On y entrait par dix-neuf portes; elle était soutenue, en outre de ses murs extérieurs, par huit cent cinquante colonnes de porphyre, de jaspe, de tous les marbres les plus rares; sept mille cinq cents lampes éclairaient ses cinquante-cinq nefs, sous la vaste étendue desquelles les yeux s'égaraient, au milieu d'une véritable forêt de colonnes. Au fond, et dans l'endroit le plus reculé de la mosquée, était le *Mirhab*, c'est-à-dire le sanctuaire, le saint des saints, où était déposé le Coran, et vers lequel tous les musulmans d'Espagne se tournaient, pendant leurs prières. L'ornementation du *Mirhab* était d'un luxe inouï : l'or, l'argent, les pierres précieuses, les arabesques, les sculptures les plus fines y étaient prodigués avec un art infini; seize colonnettes, de la plus ravissante délicatesse, supportaient la voûte en forme de coquille, et d'un seul bloc de marbre.

Tel était le chef-d'œuvre d'Abdérame Ier, la mosquée la plus grande, la plus riche qu'on eut jamais élevée à la gloire du Prophète, le monument le plus considérable, le plus splendide de la domination des Maures en Espagne.

Au treizième siècle, le roi saint Ferdinand, après avoir combattu victorieusement les musulmans et les avoir chassés de Cordoue, de Séville, de Cadix, de Xérès, changea la destination de ce temple, sans modifier son plan architectural; d'une mosquée il fît une église, qu'il consacra solennellement, le 25 juin 1236, sous le vocable de l'Assomption de la sainte Vierge.

Au seizième siècle l'appropriation de la mosquée au culte catholique ayant paru insuffisante, Charles-Quint ordonna que tout en respectant, autant que possible, ses dispositions intérieures, et son caractère arabe primitif, une cathédrale de style gothique fut élevée à sa partie centrale. Les travaux commencèrent en 1524, et furent rapidement achevés. Telle est, en quelques lignes, l'histoire de ce monument extraordinaire, unique au monde, qui, envisagé seulement au point de vue architectural, est à la fois église et mosquée, sanctuaire de l'islamisme et du catholicisme, temple de Jésus-Christ et de la sainte Vierge, de Mahomet et du Coran.

Extérieurement, il se présente sous la forme d'un quadrilatère peu élevé, que dominent, en figurant une croix, les deux nefs de la cathédrale. A l'intérieur, le premier sentiment que l'on éprouve, c'est l'étonnement, la stupéfaction ; jamais on n'avait rien vu, rien imaginé de semblable ; c'est un horizon imprévu et fantastique qui se déploie, c'est une forêt d'innombrables colonnes, reliées les unes aux autres, et dans tous les sens, par deux rangées d'ogives arabes superposées : cinquante-cinq nefs s'ouvrent aux regards ébahis, trente-six longitudinales, et dix-neuf transversales. Les yeux s'égarent, se perdent dans la multitude de leurs entre-croissements et de leurs profondeurs ; il semble qu'elles s'étendent à l'infini. En pénétrant plus avant, au milieu de ce prodigieux pêle-mêle d'ogives à deux étages, d'ornements, de colonnes mauresques, on aperçoit, de tous côtés, comme de petits sanctuaires, sculptés, fouillés à jour, et tout couverts de dessins et d'inscriptions arabes. L'un de ces sanctuaires, le plus magnifique de tous, s'appelle le *Mirhab :* le voici, tel qu'il est sorti des mains d'Abdérame Ier, au huitième siècle, le voici avec ses colonnettes de jaspe, de porphyre, d'albâtre, de vert antique, avec sa voûte en coquille, avec ses dentelles de marbre, ses dorures, ses peintures, ses ogives orientales. Certes nous sommes bien dans une mosquée, et dans la plus grande et la plus belle, sans doute, qui soit au monde ; et, dans les interstices de ces 850 colonnes, nous pourrions, sans plus d'étonnement, voir apparaître, avec leurs burnous et leurs turbans, le cimeterre au côté, le Calife, le Capitan pacha, les Derviches, les Ulémas et tout un peuple adorateur du Prophète.

Tout à coup, les sons graves et religieux de l'orgue nous arrivent du lointain, à travers ces nefs sans fin, ces arceaux, ces dentelles et tous ces capricieux ornements qui captivent nos regards ; nous nous dirigeons du côté d'où nous vient cette pieuse mélodie ; une porte s'ouvre, et nous voilà dans une admirable église, éblouis de toutes les splendeurs que les arts et la foi savent donner aux temples chrétiens. Cette église, cette cathédrale du style gothique flamboyant le plus pur et le plus riche, n'a que deux nefs qui se coupent, à angle droit, en forme de croix ; la nef longitudinale, suivant l'usage espagnol, est occupée par le chœur des chanoines ; la double rangée de stalles, le trône de l'évêque, les deux buffets d'orgue, les statues, les sculptures en bois d'acajou, les grilles, les balustrades de fer ouvragé et de bronze doré, sont de merveilleux travaux, de véritables chefs-d'œuvre. La nef transversale, livrée aux fidèles, sépare le chœur du sanctuaire, au fond duquel resplendit le maître-autel, sous un retable d'une valeur inestimable.

Tout à l'heure nous étions dans une mosquée, aussi vaste, aussi somptueuse, aussi parfaitement belle dans chacune de ses parties, que dans son ensemble ; nous voici maintenant dans un temple catholique ; quelle différence! Dans la mosquée, c'est le raffinement d'un luxe oriental, c'est la recherche, c'est la coquetterie, c'est la délicatesse de l'ornementation, de la couleur et du dessin, poussés au degré de perfection le plus extrême que l'habileté de l'homme puisse atteindre; mais si l'élégance, la richesse, le charme se trouvent partout, la véritable grandeur en est absente. La religion de Mahomet, adonnée aux voluptés, aux jouissances de la terre, se complaît, se concentre dans tout ce qu flatte les sens, dans tout ce qui touche la vie matérielle; aussi tous ses monuments, et même les plus magnifiques, s'ils ravissent nos yeux par leurs formes, par leurs parures, souvent gracieuses et enchanteresses, ne savent pas élever nos esprits jusqu'à la contemplation du monde invisible et surnaturel. Le christianisme, au contraire, prêchant le *sursùm corda*, le détachement de toutes les choses terrestres, s'efforce d'en dégager les pensées humaines; il les porte vers les régions supérieures, pour les rapprocher de Dieu, but essentiel et primordial de ses aspirations; aussi ses temples, empreints d'un caractère grandiose, que n'ont pas les temples de l'islam, s'élèvent dans les airs, et planent bien au-dessus d'eux, à des hauteurs qu'ils ne sauraient atteindre; leurs ogives aériennes montent, s'élancent vers le ciel, comme le cœur, comme la prière du chrétien. Dans la mosquée, tout se réduit au charme des yeux, aux attraits sensuels, rien n'élève l'âme; dans l'église, au contraire, tout respire la suprême grandeur de la majesté divine.

C'est pour établir, pour démontrer cette vérité, et la

rendre évidente et palpable, que Charles-Quint a voulu rapprocher, mettre en regard l'une de l'autre, les
deux religions, représentées chacune et caractérisées
par une de leurs plus magnifiques productions architecturales. Il a conservé à la mosquée toute sa beauté
primitive ; au point de vue de l'art, il est donc irréprochable ; Abdérame l'avait assise sur les ruines d'une
église ; pour répondre à ce défi, et venger cet outrage,
Charles-Quint fait, du chef-d'œuvre d'Abdérame, le
vestibule et le cadre de sa cathédrale : il veut que la
superbe et majestueuse élévation de l'église au-dessus
de la mosquée proclame, bien haut, le triomphe de
l'Évangile sur le Coran.

Comment se fait-il que cette grande idée n'ait pas été
comprise, et que Théophile Gautier ait osé dire que la
cathédrale de Charles-Quint, au milieu de la mosquée
d'Abdérame, n'est qu'une *verrue architecturale !* comparaison aussi fausse et malsonnante, qu'elle est peu
digne d'un écrivain si distingué !

Au sortir de la cathédrale, nous rentrons dans la
mosquée ; son immense étendue nous impressionne de
plus en plus. Nous nous fatiguons à parcourir le dédale
infini de ses nefs ; cinquante-deux, ou cinquante-sept chapelles sont adossées aux quatre faces, et dans toute la longueur de son pourtour, dix-neuf portes lui servent d'entrées ; la principale, nommée la Porte du Pardon (*puerta
del Perdon*, est ornée d'arabesques finement sculptées.
Pour donner une idée exacte et comparative des dimensions de cette mosquée, disons qu'elle a, intérieurement,
228 de nos pas de longueur, et 165 de largeur, tandis

que la largeur de Notre-Dame de Paris n'en a que 66,
et que la nef transversale de la cathédrale d'Amiens,
la plus grande des églises de France, n'en a que 110,
dans toute sa longueur.

L'hôpital de Cordoue est un palais ; le docteur Tor-
rellas, médecin en chef, a bien voulu nous en faire les
honneurs, avec un empressement et une cordialité,
dont nous lui avons gardé une vive reconnaissance.
Les salles, dallées de marbre, ont leurs murs revêtus
de carreaux de faïence émaillée. Il y a partout un véritable luxe de ventilation, d'hygiène, de propreté ; les
lits n'ont pas de rideaux. Inutile de dire que cet hôpital, comme tous ceux que nous avons visités en Espagne, est desservi par des religieuses. La chapelle est
une merveille d'art et de richesse, et le cabinet du
médecin en chef, un salon élégant et du meilleur
goût.

De l'hôpital, allons au cimetière, en curieux et en
promeneurs, comme y vont, sans doute, la plupart des
malades, guéris par les soins éclairés qu'ils ont reçus
dans ce délicieux hôpital, que nous recommandons à
nos édiles parisiens. Ce cimetière est de la plus inté-
ressante originalité : les morts y reposent de deux manières différentes ; les uns sont en terre, et leurs tombes
sont recouvertes de monuments plus ou moins luxueux ;
parmi ceux-ci, nous avons remarqué la sépulture, en
marbre blanc, de la mère de Lagartijo, le fameux toréador : c'est une belle colonne surmontée d'un Ange,
qui, la tête légèrement inclinée, regarde la tombe,
tandis que sa main droite levée montre le ciel. Les

autres sont placés, à différentes hauteurs, dans l'épaisseur des murs qui entourent le cimetière ; ces murs sont creusés d'excavations, de la forme et de la dimension d'un cercueil ; cinq ou six étages de cercueils se trouvent ainsi superposés dans des cases parfaitement closes, et portant, chacune, le nom de celui qui s'y trouve enfermé. Nous rentrons en ville par la belle promenade, dite du *Grand Capitaine* (*paseo del Gran Capitan*), glorieux surnom donné à Gonzalve de Cordoue, né à Montilla, petite ville voisine de Cordoue, illustre guerrier, qui en 1492, sous le règne de Ferdinand V et d'Isabelle la Catholique, chassa les Maures de Grenade, et assura, ensuite, à l'Espagne la possession du royaume de Naples.

Arrivés à Cordoue le 12 mai, à neuf heures et demie du soir, nous en partons, le 14 à midi, pour Grenade. Le chemin de fer bordé de grenadiers, de cactus et d'aloès, nous fait voir, tantôt des bois d'oliviers, et tantôt des plaines tapissées des fleurs les plus variées. L'archevêque de Grenade est dans notre train, et regagne sa ville archiépiscopale, dont il était sans doute absent depuis longtemps, car à chaque station les cloches sonnent à toutes volées, et les populations, sous la conduite de leurs prêtres, se pressent pour le saluer, et recevoir une bénédiction, dont nous eûmes notre part.

A huit heures du soir, nous sommes à GRENADE. Les autorités, les magistrats en robes rouges, en grand costume officiel, réunis à la gare, présentent leurs hommages au prélat, et lui souhaitent la bienvenue. Quant à nous, l'omnibus de l'hôtel *Washington* nous emmène ; nous n'entrons dans la ville, que pour la traverser rapidement, dans toute son étendue; nous en sortons, à son extrémité opposée, et nous gravissons, en dehors de son enceinte, au milieu d'une véritable forêt, et dans une obscurité profonde, les pentes raides et ténébreuses de la colline de l'*Alhambra*, sur laquelle se trouve notre hôtel. Dans le silence de la nuit, un bruit étrange et d'un charme que nous ne saurions exprimer nous tient éveillé : des torrents d'eau s'écoulent, clapotent, murmurent de tous côtés, il nous semble entendre dans le feuillage une pluie diluvienne, mais le ciel est pur, sans nuages, et tout scintillant d'étoiles. Il y a quelques années, dans la Haute-Savoie, aux bains de Saint-Gervais, un bruit semblable, et tout plein de la même poésie douce et rêveuse, avait bercé nos oreilles; là-bas, c'était le Bonnant, torrent fougueux descendu des sommets neigeux du Mont-Blanc; ici, ce sont les eaux des sommets, neigeux aussi, de la *Sierra Nevada;* les Maures, autrefois, les ont habilement captées, et des canaux d'irrigation, creusés par eux, les conduisent et les répandent, tout autour de Grenade, dans la belle et fertile plaine de la Véga.

GRENADE, en espagnol *Granada*, est une ville de 70,000 âmes, dans une admirable situation; elle s'étend à l'extrémité de la plaine de la Véga, au pied de trois collines sur lesquelles s'échelonnent ses maisons et ses monuments. Le panorama de la ville, pris de la plaine de la Véga, est splendide, elle se déploie largement entre ces trois collines, qui la dominent chacune, avec un aspect différent; l'une, l'*Albaycin*, est, le quartier des *gitanos* ou bohémiens; elle est hérissée de maisons, perchées à des hauteurs qui paraissent inaccessibles; de place en place, on aperçoit, creusées dans ses flancs rocheux, des cavernes, misérables refuges des familles les plus pauvres; l'autre est une sorte de forêt vierge, un impénétrable fouillis de cactus, bizarrement contournés et difformes, et tout constellés de leurs fleurs jaunes, en aigrettes; la troisième colline est celle de l'*Alhambra!* Son sommet est couronné par le palais de Charles-Quint, par les tours, les portes, les ogives en fer-à-cheval, et les murs crénelés de l'Alhambra, au-dessus duquel s'étendent, en amphithéâtre, les jardins du *Généralife*, palais de plaisance et résidence d'été des rois maures. Les versants de cette colline couverts de la plus luxuriante végétation plantés d'arbres séculaires sont d'une prodigieuse élévation : ce sont des ormes, des chênes, des tilleuls, des tamarins; leurs branches entre-croisées en voûtes épaisses donnent un ombrage impénétrable au soleil, et forment trois allées d'une délicieuse fraîcheur, qui montent à l'Alhambra, et au Généralife. Certes, voilà déjà une assez belle et assez large perspective, mais ce n'est pas tout; au delà de la ville, et par-dessus ces collines, ces massifs de verdure, ces palais et ces jardins, s'élèvent de gigantesques montagnes, toutes blanches de neiges éternelles. C'est la Sierra Nevada, chaîne immense qui fait, à l'horizon, le fond de ce magnifique tableau, encadré de cimes dentelées et colossales, dont l'éclatante blancheur se détache sur l'azur du firmament. Ces lignes, d'une pâleur et d'un terre-à-terre que je déplore, ne sauraient dépeindre cette grande scène, d'un aspect si saisissant et d'un coloris si riche et si varié!

La merveille de Grenade est l'*Alhambra*, citadelle et palais des rois Maures; il est tout près, et au-dessus de notre hôtel; nous y montons sous de magnifiques ombrages, rafraîchis et charmés par le bruit des eaux qui descendent de toutes les hauteurs; sa vaste enceinte est défendue par des murs et par des tours, dont l'une, la *porte du Jugement*, nous présente, sculptées au-dessus de son ogive en fer-à-cheval, une clef et une main levée vers le ciel, symbole de la puissance du Prophète. Cette porte est l'entrée de la vaste esplanade du palais inachevé de Charles-Quint. Un panorama enchanteur se développe de tous les côtés.

Vous figurez-vous, chers lecteurs, la ville de Grenade tout entière et la plaine de la Véga, à vos pieds? en face de vous, la colline des Gitanos et des cactus dominant le ravin, au fond duquel coule le Darro? tout autour de vous, des galeries, des dômes, des tours arabes, d'une originale et ravissante beauté? des jardins de myrtes et d'orangers, et par-dessus tout cela, une chaîne de montagnes, toutes blanches de neige, sous le ciel brûlant et bleu de l'Espagne?

Nous n'essayerons pas de décrire l'Alhambra; tous les arts, la peinture, la photographie, la sculpture, s'ingénient sans cesse à en reproduire et l'ensemble et les détails, et tout à l'heure, notre guide nous conduira dans un atelier, d'où nous pourrons en emporter des fragments en marbre, en stuc, en albâtre. Et d'ailleurs,

comment décrire ce palais féerique, ce chef-d'œuvre,
cette merveille de l'architecture arabe, qui résume
toutes les conceptions, toutes les richesses, toutes les
incomparables délicatesses de l'art mauresque? Comment donner une idée de toutes ces colonnes sveltes et
gracieuses, sur lesquelles s'appuient, en forme d'ogives
orientales, des arceaux, des guirlandes, des festons de
dentelles et de guipures, sculptés à jour, dans le stuc,
dans le marbre et dans l'albâtre, et colorés d'or, de
vert, de rouge et d'azur? Comment parler de cette fantastique *cour des lions*, dont les portiques sont soutenus
par cent vingt-huit colonnes, accouplées avec la grâce
la plus exquise? Comment traduire nos impressions,
dans ces salles encore tout imprégnées et toutes palpitantes des voluptés musulmanes, dans ces salles
qu'embaumaient les suaves émanations de parfums
souterrains, et que rafraîchissaient des eaux jaillissantes et courantes, dans ces salles des *Ambassadeurs*,
des *Sultanes*, des *Deux-Sœurs*, des *Bains*, où la vue se
repose sur des coupoles de bois de cèdre, travaillées
avec un art infini, sur des voûtes d'or et d'azur, sur
des murs enlacés et fouillés d'arabesques, de fleurs,
de feuillages, et de tous les mille caprices d'ornements
bizarres et charmants? Que dire de ces balcons, de ces
miradors, d'où les yeux embrassaient, au loin, les plus
admirables perspectives, en s'arrêtant tout près, et au
murmure des eaux, sur des bosquets de lauriers-roses,
de myrtes et d'orangers? Que dire de ces vestibules, de
ces galeries, de ces somptueux appartements, restaurés
et habités par Charles-Quint, et, plus tard, par Phi-

lippe V? En présence de pareilles meveilles, que faire?
— Admirer et se taire.

Si nous continuons à gravir, un quart d'heure environ,
la colline, nous arrivons au *Généralife*, le *Trianon* de
l'Alhambra; c'était autrefois un délicieux petit palais;
aujourd'hui, il n'en reste plus guère que les jardins,
les belles eaux, et surtout un panorama qui défie toute
description; d'un côté, on plane sur les coupoles, les
cours, les murs crénelés de l'Alhambra, sur la ville de
Grenade et la plaine de la Véga; de l'autre, les yeux
s'arrêtent sur la Sierra Nevada, qui ferme l'horizon, et
domine majestueusement, de toute la hauteur de ses
sommets de glace et de neige, cet immense et magique
tableau.

Telles étaient les fastueuses habitations des rois
maures, mais la roche Tarpéienne n'en était pas loin.

A l'autre bout de la ville, il y avait une petite mosquée, actuellement l'église de Saint-Sébastien; par
elle-même, elle est sans caractère et sans intérêt;
cependant, nous avons voulu la visiter, car elle rappelle un des plus grands événements de l'histoire d'Espagne. Gonzalve de Cordoue, surnommé le *Grand
Capitaine*, avait écrasé les Maures dans une bataille
acharnée, à la suite de laquelle Grenade était tombée en
son pouvoir. Le sultan Boabdil, vaincu et réduit à faire
sa soumission aux rois catholiques vainqueurs, avait
dû quitter, avec toute sa suite, son palais de l'Alhambra, qu'il ne devait plus revoir, pour se rendre dans la
petite mosquée, où l'attendaient Isabelle la Catholique,
le roi Ferdinand V et le cardinal Mendoza; il venait,

en reconnaissant sa défaite, leur remettre les clefs de la ville. A son approche, le roi s'avança à sa rencontre et l'embrassa en lui disant : « *Mon frère, restez dans mes États, vous y serez le premier de mes sujets.* » Boabdil refusa l'offre de son vainqueur, et partit immédiatement pour l'Afrique, où il devait bientôt être tué dans un combat. L'histoire rapporte qu'arrivé à quelque distance de Grenade, sur un monticule, d'où il pouvait contempler encore, et d'un dernier regard, la belle plaine de la Véga, il ne put retenir ses larmes : « *Pleure comme une femme*, lui dit alors sa mère, *ce que tu n'as pas su défendre comme un homme!* »

A ce moment-là même, c'était le vendredi 2 janvier 1492, à trois heures après midi, on chantait un *Te Deum* d'actions de grâces dans la petite mosquée ; les Maures étaient définitivement chassés d'Espagne, où leur règne avait duré 777 ans. Depuis cette époque, c'est-à-dire depuis 394 ans, tous les jours, à trois heures après midi, à l'heure même, et en mémoire de ce *Te Deum*, les cloches de la cathédrale sonnent à toutes volées ; et nous avons entendu deux fois cette sonnerie triomphale, le samedi et le dimanche 15 et 16 mai 1886 !

Deux ans auparavant, à l'autre extrémité de l'Europe, en Suède, nous avions entendu la cloche d'Upsal sonner, comme elle n'y avait jamais manqué, deux fois par jour, matin et soir depuis 1654, c'est-à-dire depuis 230 ans, le glas funèbre de la reine Christine, morte à Rome en terre étrangère. Nous aimons ce culte du passé, cette religion des souvenirs ; ne sont-ce pas

comme des voix d'outre-tombe, qui nous redisent les
gloires, les joies, les tristesses de la patrie? Ne semble-
t-il pas que nous nous trouvons reportés dans les temps
anciens, et que des générations éteintes se réveillent à
notre appel, pour revivre quelques instants parmi nous?

La cathédrale de Grenade est un vaste et superbe
édifice à cinq larges nefs, des quinzième et seizième
siècles. Quatre ou cinq grandes colonnes cannelées,
d'ordre corinthien, sont élégamment accolées au pourtour de chacun des piliers. Les grilles, les portes, l'en-
tourage du chœur sont d'une éblouissante richesse;
vingt colonnes des marbres les plus précieux surmon-
tent le maître-autel (*capilla mayor*) et supportent une
coupole de marbre, autour de laquelle sont rangées les
statues colossales des douze apôtres. Pourquoi
faut-il que, dans cette magnifique église, les offices
soient célébrés avec si peu de dignité et chantés si rapidement, en présence d'une assistance si peu nombreuse?

Sur les nefs latérales du côté droit et dans le pourtour du chœur, est l'entrée de la chapelle royale
(*capilla real*), sépulture des rois catholiques. C'est une
véritable église de style gothique, les yeux s'y arrêtent,
tout d'abord, sur une grille monumentale qui occupe
toute sa largeur et s'élève jusqu'à la voûte; c'est un
chef-d'œuvre de fer, de cuivre et de bronze; son immense surface offre à notre admiration une multitude
infinie de détails, de statues, d'arabesques, d'ornements
de toutes sortes, travaillés, ciselés avec une délicatesse
et une perfection qui confondent l'imagination. Une

porte s'ouvre à sa partie inférieure, et nous met en présence de deux splendides mausolées en marbre blanc, enrichis de tous les motifs décoratifs que peut inventer et produire le génie de la sculpture : statues de personnages bibliques, animaux symboliques et fantastiques, trophées d'armes, écussons, armoiries, festons et guirlandes de fleurs et de feuillages, exécutés et disposés avec l'art le plus merveilleux. L'un de ces mausolées recouvre les corps de Ferdinand V et d'Isabelle la Catholique ; le roi et la reine occupent toute la partie supérieure du monument, étendus côte à côte, leur sceptre à la main et revêtus de leurs manteaux, insignes et attributs royaux ; deux lions, emblêmes de la force et de la majesté, sont couchés à leurs pieds, et semblent veiller sur leur sommeil. L'autre mausolée, de la même forme et de la même richesse, est celui de Jeanne la Folle, leur fille, et de Philippe le Beau, son mari, père et mère de Charles-Quint. En regard de ces deux monuments, élevés au-dessus du caveau funéraire, une vitrine laisse voir le sceptre, la couronne, le missel d'Isabelle, l'épée de Ferdinand, et plusieurs autres objets précieux ayant appartenu à ce prince et à cette princesse, que l'histoire a réunis sous le glorieux nom de *Rois Catholiques.*

La Chartreuse (*Cartuja*) est située dans un des quartiers les plus élevés et les plus pauvres de la ville ; on y arrive par des rues bordées de maisons misérables et malpropres, devant lesquelles sont assis et grouillent, au milieu d'ordures de toutes sortes, des femmes, des hommes, des enfants déguenillés, types d'aspect hideux

et repoussant, que Murillo a fidèlement reproduits dans
un tableau du Louvre ; sordide population qui nous a
rappelé les environs de Naples et de trop nombreux
points de la Sicile.

Mais la Chartreuse ! quelle magnifique église ! quelles
œuvres de patience, d'art et de génie ! il y a là des
marbres de la Sierra Nevada, comme nous n'en avions
jamais vu nulle part ; ils représentent des figures humaines, des vases de fleurs, des ornements que l'on
croirait façonnés par les agencements artistiques les
plus habilement calculés, tandis que c'est la nature
seule, qui a dessiné ces veines, ces lignes capricieuses,
ces horizons lointains, ces images régulières et
bizarres, qui s'étalent avec une grâce exquise sur des
surfaces d'une incomparable beauté. Il y a là, dans une
vaste et somptueuse sacristie, des meubles en mosaïque,
de nacre de perle, et de bois précieux, qui ont coûté
trente années de travail à un obscur religieux, dont la
modeste et laborieuse existence s'est passée loin des
hommes, sous le regard de Dieu, à produire un chef-
d'œuvre inimitable ; il y a là des statues, des bas-reliefs,
des peintures de la plus haute valeur, et ceux qui ont
ainsi doté leur pays de ces splendides patrimoines,
de ces trésors artistiques, en ont été dépossédés et
bannis ! là, comme au mont Saint-Michel, comme à
l'avie, comme à Naples, comme à Belem, comme à
Montréal, ils ont légué à leur patrie ses plus beaux
titres de gloire, et leur patrie les en a récompensés par
l'exil ! Mais il n'y a rien de nouveau sous le soleil, *nil
sub sole novi*, disaient déjà les anciens ; ces dépouille-

ments, ces expulsions sont de tous les temps et de tous les pays ; Virgile l'a dit de son temps ; hélas ! nous pourrons le dire du nôtre.

La ville de Grenade est généralement mal bâtie, ses rues sont, pour la plupart, étroites et tortueuses, surtout dans les quartiers d'origine arabe ; il y en a cependant qui sont larges, bien percées, égayées par de belles maisons et des boutiques, où l'on peut faire une ample et précieuse moisson d'objets d'art anciens, de souvenirs historiques, de vieilles dentelles, de bracelets arabes, de bijoux, de colliers mauresques. Il y a une agréable promenade, l'*Alameida,* où, le soir, on vient respirer la fraîcheur, où les enfants prennent leurs ébats, où étaient autrefois les meilleurs hôtels, avant qu'on en eut établi de plus modernes et de plus confortables, tels que notre excellent hôtel *Washington*, sur le versant de la colline de l'Alhambra, où des arbres gigantesques les abritent de leurs incomparables ombrages.

Le quartier des *gitanos* ou *bohémiens* est une des curiosités de Grenade ; il est perché sur la colline de l'*Albaycin*, en regard de la colline de l'Alhambra, dont il est séparé par le ravin, au fond duquel coule le torrent du Darro. Une excursion chez les *gitanos* est quelque peu aventureuse, dangereuse même ; elle est d'un tel pittoresque, et d'une couleur locale si accentuée, que les personnes craintives hésitent à la faire, et reculent ; nous n'avons pas reculé, et nous sommes partis, sur la foi et sous la conduite de notre guide.

Nous suivons le chemin tracé en zig-zag, sur le flanc

de la colline; nos chevaux ont peine à le gravir, tant ses
pentes sont raides et escarpées; parfois, on pourrait
avoir peur, car il est étroit, sans parapet et bordé de
précipices. Cette montée nous amène à une agglomération
tion de masures de bicoques, de maisons effondrées,
de cavernes, d'excavations creusées dans les entrailles
de la colline. Ces bouges, ces antres infects, ténébreux
et malsains, sont des repaires habités par les *gitanos*,
que nous voyons, à notre approche, sortir de tous côtés
et de dessous terre, comme une écume fangeuse :
vieilles femmes en haillons, mégères échevelées,
édentées, sorcières, nécromanciennes, diseuses de
bonnes et mauvaises aventures ; jeunes filles pieds nus,
à peine vêtues de quelques loques dépareillées, chanteuses de tripots, danseuses de carrefours, virtuoses de
guitares et de castagnettes ; enfants des deux sexes à
moitié nus, façonnés à la mendicité et déjà voleurs
d'instinct et de profession : jeunes gens et vieillards,
têtes de brigands, rôdeurs de nuit, coupe-jarrets, dé-
trousseurs de grands chemins, saltimbanques, acro-
bates, troubadours galantins, cabotins de coins de rues,
de tavernes, gens de sac et de corde, telle est la tourbe
immonde qui nous entoure ; le spectacle que nous offre
cette cohue, ce pêle-mêle, est bien digne d'un pareil
ramassis, d'une pareille horde de sauvages : bacchanal
infernal, tapage à fendre les oreilles, poses provo-
quantes, contorsions burlesques, mouvements désordonnés des bras, des jambes, de tout le corps, danses
grotesques, grossièrement lascives, chants lubriques
sur tous les tons, voix suppliantes, grincheuses, de-

mandant, implorant une aumône, mains tendues vers
nous, avec un simulacre de baisers, efforts pour en-
vahir notre voiture... C'est un bruit, une agitation, un
tumulte, une cacophonie indescriptibles. Notre guide
et notre cocher, debout tous les deux, ont grand'peine
à repousser cette marée montante et grondante, et à
nous frayer un passage jusqu'à la demeure du *capitaine
des Gitanos.*

Là, du moins, nous respirons, et prenons place dans
une salle pauvrement ornée de quelques pieuses peintures; c'est ici que la représentation va nous être
donnée : les acteurs sont tous de la même famille, père,
mère, frères et sœurs, tous *gitanos.* Deux grandes
jeunes filles, deux gitanas, entrent en scène avec deux
jeunes garçons, deux gitanos, leurs frères ; elles dan-
sent, se balancent, se dandinent, tournent, pivotent
sur elles-mêmes, avec des mouvements habilement
étudiés, et des clignements d'yeux, où perce, où se
devine une timide coquetterie, dissimulée, voilée sous
toutes les réserves de la pudeur et des convenances.
Les castagnettes clapotent et crépitent en stridentes
roulades, sous leurs doigts agiles. Mais le père, la mère
et les autres frères se mettent de la partie, ils pincent
de la guitare, ils frappent des pieds, battent des mains,
poussent, en chœur et en cadence, des cris aigus et
redoublés, assourdissants ; alors la danse s'accélère,
elle prend un rythme plus vif, des allures plus animées, plus rapides ; c'est un ouragan, un tourbillonne-
ment fiévreux et frénétique, qui bientôt épuise les
gitanos : ils s'arrêtent haletants, à bout de forces, et,

en se retirant, une des gitanas me fait gracieusement hommage de ses castagnettes ; au moment même où j'écris ces lignes (16 septembre 1886), je les vois appendues dans mon cabinet, comme un souvenir d'un des épisodes les plus émouvants de ce voyage. Cette scène des gitanos nous a rappelé, avec de notables différences cependant, Constantinople et les derviches tourneurs et hurleurs, de Péra et de Scutari, dont nous avons décrit les excentricités, au premier volume de nos *Vacances*.

En descendant la colline de l'Albaycin, ou des *Gitanos*, nos regards se reposèrent, avec délices, sur un de ces panoramas splendides que l'on voudrait toujours revoir, et dont l'ineffaçable image reste gravée dans la mémoire, avec toutes les fascinations du rêve le plus enchanteur : d'un côté c'était toute la ville de Grenade, et toute la plaine de la Véga ; de l'autre, la colline de l'Alhambra, avec ses magnifiques ombrages, au dessus desquels se profilaient, dans le ciel bleu, la tour de la Sultane, les créneaux, les ogives, les coupoles du palais des rois maures, dominés par les jardins du *Généralife*, et encadrés au loin par les sommets neigeux de la *Sierra Nevada*.

CADIX — SEVILLE

· CADIX — SÉVILLE

Le lundi, 17 mai, à quatre heures du matin, par une belle matinée de printemps, nous quittons notre *hôtel Washington*. Comme Boabdil, en nous éloignant de Grenade, nous fixons de longs regards de regrets sur cette ville de tant de souvenirs, et de tant de poésie ; nous allons à Cadix. Nous traversons la plaine de la Véga, puis d'autres plaines non moins fertiles ; les blés sont magnifiques, et déjà se fait la moisson ; les oliviers prennent des proportions énormes ; les palmiers les dominent de leurs gracieuses aigrettes, de leurs panaches à palmes retombantes ; la fleur rouge du grenadier se mêle, le long des routes, à la fleur jaune des cactus, au-dessus desquels se dressent, comme de grands cierges, les tiges droites et pointues des aloès. Ce sont les riches et plantureuses campagnes de l'Andalousie. Nous déjeunons à *Bobadilla*, station d'embranchement des lignes de Cadix et de Malaga ; laissant à gauche la ligne de Malaga, nous filons, à toute vitesse, sous un ciel du plus beau bleu, mais brûlant. Vers quatre heures après midi, des brises bienfaisantes, les brises de la mer, encore loin cependant, nous apportent un peu de fraîcheur. Nous passons au milieu des fameux vignobles de *Xérès ;* puis nous entrons dans

des marais salants ; la mer apparaît à l'horizon, nous
nous en rapprochons de plus en plus ; bientôt même,
elle nous entoure de sa splendide et immense étendue
d'azur, que nous voyons se déployer tout près de nous,
à notre gauche et à notre droite, et, à sept heures du
soir, après quinze heures de train express, nous arrivons à Cadix.

Cadix est une ville de 50 à 60,000 âmes ; elle est
située sur une presqu'île, promontoire qui s'avance
dans la mer, en forme de raquette, et ne tient à la côte,
que par une langue de terre sans largeur ; de loin,
elle paraît surgir du milieu des flots ; intérieurement,
elle offre un aspect bizarre, qui repose agréablement
les yeux ; ses maisons sont blanches et pourvues, à
tous leurs étages, de grands balcons, ou *miradors*,
peints en vert ou en bleu, et enfermés, pour la plupart, dans des vitrages, ou encorbellements de la même
couleur ; en sorte que, dans toute la longueur des
rues, toutes ou presque toutes étroites, propres et
bien alignées, on ne voit que du blanc, du vert et du
bleu. On n'y trouve aucun monument remarquable, mais
en revanche, des femmes, des Andalouses d'une admirable beauté. La température, toujours rafraîchie par
la brise de mer, n'y est jamais très élevée. Plusieurs
vastes places (*alameidas*, ou *patios*), émaillées de fleurs,
et plantées d'arbres, offrent leurs ombrages au va-et-
vient des promeneurs, et des vendeurs d'*agua fresca*
(eau fraîche). Sur la place de *Mina*, s'ouvre notre hôtel,
l'*hôtel de France*, dont la table, parfaitement servie,
nous présente, parmi les *hors-d'œuvre*, des *langous-*

tines, délicieux crustacé plus gros que la crevette, plus petit que la langouste, dont la chair, blanche et tendre, est de la plus exquise délicatesse. Sur la place de la Constitution, l'hôtel de ville (*casa consistoriale*) est décoré de tentures de fête, car le télégraphe et le canon ont annoncé l'heureux accouchement de la reine, qui vient de donner un roi à l'Espagne. La cathédrale *Sainte-Croix* est une église du dix-huitième siècle, dans laquelle nous n'avons à noter que la richesse de l'ornementation. L'hôpital *de la Miséricorde* est un magnifique, et nous pourrions même dire un somptueux établissement, où nous avons été reçus de la manière la plus cordiale par le médecin en chef, le docteur Eduardo Rey. Les salles des malades, spacieuses, largement ventilées, dallées de marbre, ont leurs murs revêtus de carreaux de faïence émaillée ; les lits ne sont pas, comme dans nos hôpitaux de Paris, enveloppés de rideaux, qui empêchent la libre circulation de l'air ; nous constatons partout la plus intelligente observation des lois de l'hygiène. De vastes *patios* sont ouverts aux malades, ils y trouvent des promenoirs, sous d'épais ombrages, et des massifs de fleurs, pour récréer leurs yeux ; dans la chapelle, luxueusement décorée, de belles peintures leur donnent une haute et touchante idée de la bonté divine, qui veille sur eux, les couvre de son aile (*sub umbra alarum*), et bénit les soins dévoués dont ils sont entourés.

Les remparts sont la merveille de Cadix ; il serait difficile d'imaginer une plus splendide promenade :

maisons blanches avec *miradors* verts et bleus ; larges allées d'arbres, animées par les oisifs, les enfants, les belles Andalouses ; jardins, riantes oasis, gracieux îlots de fleurs et de verdure, où s'épanouit la végétation tropicale la plus variée ; et, comme perspective, comme fond de tableau, comme horizon, la mer qui s'étend partout, de tous côtés, à l'infini, sillonnée par une multitude de navires, et reflétant, sur toute sa mouvante surface, l'azur du firmament.

Cadix, par son climat, son heureuse situation, sa propreté, le confort et l'élégance de ses habitations, est une des villes d'Espagne dont le séjour est le plus agréable. Nous comptions nous y embarquer pour Tanger, sur le paquebot qui, régulièrement, devait partir le mercredi 19, et qui fait la traversée en cinq ou six heures. Mais le consul de France nous ayant annoncé que, par suite d'une avarie, le départ du paquebot serait retardé de deux jours, nous dûmes, par cela même, et bien à regret, renoncer à ce voyage. En effet, il nous eût fallu rester deux jours de plus à Cadix, pour attendre le bateau ; ou bien gagner Algésiras, par mer, en huit heures ; de là, Gibraltar, d'où nous aurions fait, en trois heures, la traversée du détroit. Sans doute, tout cela était d'une réalisation facile, mais c'était l'affaire de plusieurs jours, et la question, la grosse question du temps était là pour nous arrêter, et nous imposer un sacrifice très pénible sans doute, mais dicté par la raison, la durée, et les inflexibles limites que nous avions fixées à nos vacances. Donc, le mercredi 19, à deux heures et demie après midi, au lieu de nous em-

barquer pour le Maroc, nous montâmes en chemin
de fer pour Séville, où nous arrivâmes, le même jour,
à sept heures et demie du soir, c'est-à-dire en cinq heures de train rapide.

Qui n'a pas vu Séville, n'a rien vu
Qui n'a pas vu Séville, n'a pas vu merveille.

Ces deux proverbes, ces deux dictons populaires qui
expriment la même pensée, sont vrais. Oui, Séville est
une merveille; elle est la perle, la reine, la ville la
plus riche, la plus pittoresque, la plus *espagnole* de
toute l'Espagne; c'est elle qui représente, mieux que
toute autre ville, le type espagnol, le caractère spécial
et original qui distingue l'Espagne. C'est à Séville qu'on
trouve les plus belles maisons, de couleur blanche,
jaune pâle, rose tendre, verte ou bleue; les plus beaux
patios, fermés par les grilles de fer les plus artistement découpées, les plus délicatement festonnées et
percées à jour. Dans aucune autre ville, les *patios*,
ces poétiques et délicieux jardins intérieurs, n'ont
d'aussi frais ombrages, ne sont aussi vastes, aussi fleuris, aussi largement arrosés par des fontaines d'eaux
vives. Dans aucune autre ville, les colonnades, les
galeries de marbre qui les entourent ne sont ornées et
fouillées d'autant d'arabesques, d'autant de ces capricieux et fantastiques dessins, qui font rêver à toutes les
féeries de l'Orient.

Séville est, par excellence, la ville des arts. Comment
énumérer les innombrables merveilles de la peinture
et de la sculpture qu'elle renferme, les chefs-d'œuvre

de la grande école sévillane, de Vélasquez, de Murillo, de Montañès, de Campana, de Zurbaran, des Herrera, d'Alonzo Cano? « C'est à Séville qu'il faut aller, nous disait, tout dernièrement, M. Étienne Arago, conservateur du musée de Luxembourg, pour se faire une idée du génie de Murillo. » Comment exprimer l'admiration dont on est saisi, à la vue de tous ses monuments, de ses maisons arabes, de ses hôpitaux, de ses palais, de ses églises, et surtout de sa cathédrale?

Lorsque, pendant la journée, on s'est agenouillé sous les voûtes immenses de cette incomparable cathédrale; lorsqu'on s'est promené, au milieu des eaux jaillissantes, dans les jardins de l'Alcazar, dans les *bains des Sultanes*, dans les salons de marbre, de stuc et d'albâtre des califes et des rois maures, et, plus tard, de Ferdinand, d'Isabelle et de Charles-Quint; lorsqu'on s'est assis à l'ombre des palmiers du palais de San-Telmo, sur les bords du Guadalquivir, au pied de la *torre de oro* (la tour d'or), où étaient réunis et entassés les trésors du nouveau monde, et que, dans le calme et le silence de la nuit, on entend le chant des *serenos*, leurs religieuses invocations, leurs voix graves et mystérieuses qui passent et retentissent dans l'obscurité, oh! alors, on éprouve je ne sais quel vague et indéfinissable sentiment d'émotion, de bien-être et d'enthousiasme; il semble qu'on respire un air plus pur, sous un ciel idéal, où tout est poésie, où tout charme les yeux, ravit l'esprit, élève et transporte l'âme, dans une autre atmosphère, dans des régions supérieures aux vulgaires préoccupations de la vie!

Un volume suffirait à peine à énumérer et à décrire les richesses de tout genre que possède Séville. La cathédrale, à elle seule, est tout un monde : c'est la plus grande église de toute l'Espagne, et l'une des plus grandes, sinon la plus grande de l'univers. Pour donner une idée exacte de ses dimensions, rappelons que Notre-Dame de Paris a 126 mètres de longueur, et 48 mètres de largeur ; or la longueur de la cathédrale de Séville est de 198 mètres, et sa largeur de 79 mètres ; elle a donc 72 mètres en longueur, et 31 mètres en largeur, de plus que Notre-Dame. Mais elle est, surtout, un monde de merveilles. Ses cinq nefs, d'une prodigieuse élévation, éclairées par d'admirables vitraux, sont d'une saisissante majesté ; les grilles, les stalles, les statues, les sculptures du chœur, le retable du maître-autel, le plus grand connu, sont des ouvrages de l'art le plus consommé. L'or, l'argent, le bronze, les marbres les plus précieux, sont partout prodigués.

La chapelle de l'abside, appelée chapelle royale (*capilla real*), renferme, parmi plusieurs tombeaux de rois, celui de la reine Doña Beatrix, femme de saint Ferdinand III, roi de Castille et de Léon, de 1230 à 1252, le glorieux vainqueur des musulmans, canonisé pour ses vertus et sa piété par le pape Clément X. Le corps du saint roi repose, tout entier, dans une châsse d'or, d'argent et de cristal de roche. La transparence de cette châsse monumentale permet de le voir étendu, comme endormi, dans un état parfait de conservation, revêtu de ses insignes royaux, et de son costume de guerre, tout damasquiné d'or. Tous les ornements de

cette chapelle sont d'argent massif, et d'un prix inestimable.

On compte, dans le pourtour de la cathédrale, 37
chapelles, fermées de grilles, et contenant, toutes, des
richesses, des objets d'art de la plus haute valeur, des
statues, des tableaux des plus grands maîtres, des
peintures de Zurbaran, de Vélasquez, de Campaña,
d'Herrera, d'Alonzo-Cano, du Tintoret. C'est dans la
chapelle du baptistère, à gauche en entrant, et au-dessus de l'autel, qu'est placé le chef-d'œuvre de Murillo,
le *saint Antoine de Padoue*, merveilleuse toile, de laquelle Théophile Gautier a dit : « que jamais la magie
de la peinture n'avait été poussée plus loin ». Aucune
parole humaine, en effet, ne saurait traduire la radieuse et séraphique expression des sentiments qui,
tous en même temps, illuminent le visage du Saint,
adoration, transport de bonheur et d'amour, ravisse-
ment extatique, quand *l'Enfant Jésus* lui apparaît au
milieu des anges, et dans le doux rayonnement de sa
gloire divine. Combien de fois, nous-mêmes, dans
l'extase de l'admiration, ne nous sommes-nous pas
arrêtés à contempler cet incomparable chef-d'œuvre,
cette vue du ciel, et cette figure idéalisée d'un saint,
qui semble déjà n'être plus de la terre.

Quand on a longtemps parcouru, exploré les cinq
nefs, dans toute leur étendue; quand on s'est fatigué
à les étudier dans leurs innombrables détails, et dans
leur immense et magnifique ensemble, on n'a pas encore tout vu; il y a d'importantes annexes qui sont
encore à visiter, car elles font partie de la cathédrale.

C'est ainsi qu'une porte latérale donne accès à une chapelle, appelée *la paroisse;* elle est grande comme une église; c'est là que se font les enterrements, les offices funéraires, les prédications. Une autre porte ouvre la grande sacristie (*sacristia mayor*), vaste et somptueux édifice, qui contient le trésor, chandeliers gigantesques, croix, ostensoirs, calices, ciboires d'or, d'argent massifs, constellés de diamants, de rubis, de perles fines, de saphirs, d'émeraudes; ornements sacerdotaux de la plus grande richesse. Deux admirables toiles de Murillo, les portraits de saint Isidore et de saint Léandre, sont appendues aux parois de cette sacristie. Un autre chef-d'œuvre, la fameuse *Descente de croix*, peinte par Campaña, en 1548, est placée au-dessus de l'autel qui fait face à la porte d'entrée. On raconte que Murillo avait une admiration et une dévotion toutes particulières pour ce tableau, devant lequel il avait l'habitude de s'agenouiller, et de faire ses prières. Un soir, le sacristain impatient de s'en aller, et de fermer les portes, et trouvant que les prières du peintre se prolongeaient outre mesure, lui dit : « Maître, quand donc aurez-vous fini? — Quand les Juifs auront fini de descendre notre Sauveur de la croix », lui répond Murillo. — Il faut visiter encore la salle capitulaire (*sala capitular*), décorée de riches tentures brodées d'or, ornée d'un grand nombre de tableaux et d'un magnifique Christ, sculpté par Mentañez; c'est là que se tiennent, sous la présidence de l'archevêque, les assemblées ecclésiastiques; nous y avons vu, déposées devant le siège archiépiscopal, les urnes d'ar-

gent, qui servent à recueillir les votes des assistants,
des chanoines, des membres du conseil.

La *Giralda* est la tour de la cathédrale ; elle est car
rée, haute de 95 mètres, et couronnée, à son sommet,
par la statue colossale et symbolique de la Foi, qui
tient à la main un étendard sacré. On y monte, sans
escaliers, comme au campanile de Saint-Marc de Venise, et à la tour de l'église de la Trinité de Copenhague,
par un plan incliné, en pente douce, assez large pour
donner facilement passage à un cavalier. A 67 mètres
au-dessus du sol, on arrive à une galerie extérieure,
de laquelle s'est déployé à nos yeux un admirable panorama, sur toute la ville, sur le cours du Guadalquivir, et sur toutes les campagnes environnantes.
C'est là que se trouvent les vingt-cinq cloches, visibles
du dehors, et disposées sur les quatre faces et dans
toute la longueur de cette galerie, au-dessus de laquelle s'élève encore un beffroi, une pyramide élégante et légère de 28 mètres de hauteur. Cette belle
tour, toute en briques, de construction arabe, et isolée
de la cathédrale, dépendait d'une mosquée, dont les
murs encore debout, et remarquables par leurs créneaux triangulaires, leurs ornements et leurs ogives
mauresques, en fer à cheval, parfaitement conservés,
sont devenus, dans une grande étendue, les murs
mêmes de la cathédrale. C'est dans la cour de l'ancienne mosquée, plantée d'orangers (*patio de los
naranjos*), la cour des Orangers, que la Giralda
se dresse fièrement, dans sa primitive et originale
beauté.

Je ne vous étonnerai pas, chers lecteurs, en vous disant qu'il y a, tout près de la cathédrale, deux autres merveilles. Ne vous ai-je pas dit, en effet, que Séville est la ville des merveilles ? Ces deux merveilles sont d'un genre bien différent ; l'une est un hôpital, l'autre un palais arabe. Commençons par l'hôpital ; c'est l'*hôpital de la Charité (la Caridad)*.

Oh ! comme la charité chrétienne s'est bien personnifiée dans cet asile de la vieillesse, auquel elle a donné son nom, et dont elle a su faire le plus attrayant, le plus gracieux séjour ! Quel luxe de propreté, d'hygiène, de confortable ! quel charme pour les yeux ! Partout des fleurs, des marbres, des murs en faïences vernissées. Murillo était un des administrateurs de cet hôpital, et plusieurs de ses autographes, que nous avons lus, y sont religieusement conservés. Mais la merveille, c'est la chapelle, véritable bijou de goût, d'art, de richesse et surtout, musée de chefs-d'œuvre. Elle en renferme un grand nombre : citons-en trois seulement, trois admirables toiles de Murillo. La première nous fait assister à la *Multiplication des cinq pains;* la seconde nous représente Moïse dans le désert, frappant, de son bâton, le rocher, pour en faire jaillir l'eau miraculeuse, qui devait désaltérer les Hébreux; la troisième nous montre saint Jean de Dieu, cet humble religieux portugais, fondateur, à Grenade, en 1540, de l'ordre des *Frères de la Charité ;* il rapporte sur son dos un pauvre malheureux malade, et un ange aide et soutient sa marche appesantie par ce lourd fardeau. Quelle scène touchante ! quel magnifique épisode de la charité! et quelles radieuses et splendides peintures!

L'autre merveille, avons-nous dit, est un palais arabe, l'*Alcazar*, forteresse et demeure des rois maures pendant leur domination en Espagne, et après leur expulsion, habitation des rois saint Ferdinand, don Pedro Ier, Ferdinand V, Isabelle, Charles-Quint, Philippe II.

Ici, nous retrouvons toutes les délicieuses magnificences de l'Alhambra de Grenade : les colonnes, les dentelles, les arabesques, les découpures de marbre, de stuc et d'albâtre; les ogives mauresques en fer à cheval, les carreaux de faïences vernissées, les fontaines, les balcons et tous ces raffinements du luxe décoratif dont les Arabes avaient le secret. Nous parcourons de ravissantes galeries, des salles à coupoles sculptées, dorées et peintes des plus vives couleurs, le salon des Ambassadeurs, les *bains des Sultanes*, devenus, plus tard, les bains de la belle *Maria Padilla*, la maîtresse, la favorite, et ensuite l'épouse de don Pedro *le Cruel*, roi de Castille.

Mais, de plus qu'à Grenade, nous avons les jardins, les fameux jardins de l'Alcazar, plantés de sycomores, de myrtes, d'orangers et de palmiers, où les eaux jaillissent de tous côtés, sous les pieds, par surprise, et de sources invisibles, où, à travers le feuillage et les fleurs, on entrevoit les gracieux arceaux des chambres des Califes, et les fenêtres de l'oratoire de Ferdinand et d'Isabelle. Au-dessus, et tout près de ce magique tableau, la Giralda s'élance à 300 pieds dans les airs,

et la vue se perd sur l'immense surface de la cathédrale, hérissée de créneaux, de balustres, et d'une
forêt de flèches, de pyramides et de clochetons. Comment alors ne nous serions-nous pas rappelé, avec la
vive émotion qu'il nous a toujours causée, le magnifique opéra de Donizetti, le commencement du deuxième
acte de la *Favorite*, quand le roi, à son entrée dans ces
mêmes jardins, chante, d'une voix si large, et avec
une si magnifique ampleur, cette strophe palpitante
d'amour et d'enthousiasme :

> Jardins de l'Alcazar, délices des rois maures,
> Que j'aime à promener sous vos vieux sycomores,
> ...., etc.

Séville est bâtie sur la rive gauche du Guadalquivir
(*Oued-el-Kébir*), le grand fleuve, le Bœtis des anciens,
navigable depuis Cordoue, jusqu'à San Lucar, près de
Cadix, où il se jette dans l'océan Atlantique ; les allées
d'arbres de la grande promenade, qui se mirent dans
ses eaux, lui font une riante bordure de verdure et de
fraîcheur. La vue du fleuve, le va-et-vient des navires,
la beauté des ombrages, les parterres de fleurs donnent un grand attrait à cette promenade, le rendez-
vous du monde élégant, qui commence à *la Tour
d'Or*, vieux monument construit par les Arabes, et se
termine au palais de *San Telmo*, dont elle est, en quelque sorte, la magnifique avenue.

Ce palais, demeure et propriété du duc de Montpen-
sier, a tout le luxe et le grandiose des habitations
princières. En parcourant ses somptueux salons, ses

vastes et nombreuses galeries, on pourrait se croire
en France, et dans un palais français, car les tableaux,
les portraits, les statues, y rappellent partout la
France. Tous les membres de la grande famille des
d'Orléans y sont représentés, Louis-Philippe, la reine
Marie-Amélie, tous les princes et toutes les princesses,
enfants et petits-enfants. On y voit les châteaux royaux,
les Tuileries, Versailles, Fontainebleau, Neuilly; des
monuments de Paris, l'Hôtel de Ville, la colonne Ven-
dôme, les Invalides; des revues au Champ-de-Mars,
aux Champs-Élysées..... Lorsque des appartements on
passe dans le parc, ce sont de tout autres aspects; il
semble que, de la France, on se trouve subitement
transporté sur quelque plage lointaine, équatoriale ou
tropicale, au Brésil, par exemple. De tous côtés, et à
perte de vue, des allées immenses, où nous nous
sommes fatigués, des bosquets, des parterres, des pelouses, à travers lesquels serpentent de petites ri-
vières, étonnent et charment les yeux par la végétation la plus variée, la plus luxuriante, mais la plus
inconnue à nos climats; ce sont des orangers, des ci-
tronniers, des pamplemousses, des ananas, des mauves
et des camélias en arbres, des palmiers, des bananiers,
des dattiers, des manguiers. Si le palais de San Telmo
est par lui-même intéressant, son parc l'est peut-être
plus encore, c'est une des plus délicieuses promenades
dont on puisse se faire l'idée.

Après avoir traversé le Guadalquivir sur un pont
de fer qui rappelle notre pont *des Saints-Pères*, nous
arrivons sur la rive droite du fleuve, au faubourg de

Triana. Notre guide nous mène à une ancienne chartreuse, dégénérée en fabrique de faïence. Il y a là une
interminable série d'ateliers, où des centaines d'ouvriers, hommes et femmes, font subir à une terre spéciale toutes les manipulations et préparations voulues,
pour qu'elle devienne, sous leurs doigts habiles, tous
ces mille objets usuels, élégants et artistiques, attraits
de nos convoitises, dans les vitrines de nos magasins.
Mais quel tapage ! quelle poussière ! quelle chaleur !
Fuyons bien vite, rentrons en ville, et donnons-nous le
plaisir de vaguer paisiblement, et tout à notre aise,
dans ces rues si pittoresques, transformées en galeries
couvertes, et toujours à l'abri du soleil, par des toiles
tendues d'une maison à l'autre. Nous y voyons, à
droite et à gauche, de verdoyants *patios*, entourés de
colonnades de marbre ; de jolies boutiques d'éventails
où s'étalent en peinture les combats de taureaux,
les danses des *gitanos*, les portraits de Lagartijo, de
Mazzantini, de Frascuelo et de tous les *toréadors,
piccadors, cappadors* en renom ; nous y rencontrons
des Andalouses, aux grands yeux noirs, dont la tête
est coquettement encadrée de la mantille espagnole,
et des prêtres drapés dans leur large manteau, et coiffés
d'un chapeau, dont les bords relevés sur les côtés et
enroulés sur eux-mêmes représentent une sorte de
long cylindre, creusé en gouttière, qui monte, en avant,
bien au-dessus de la tête, et descend, en arrière, bien
au-dessous des épaules.

Nous nous arrêtons, dans une petite rue, devant une
maison de pauvre apparence, qui porte cette inscription:

« Ici naquit, en 1618, Bartholomé Estéban Murillo, mort en 1682. » Plus loin, la statue en bronze de cet homme illustre s'élève au milieu de la place du musée, tout rempli des œuvres capitales des grands maîtres, peintres et statuaires de l'école espagnole. On y trouve plusieurs admirables tableaux de Murillo, en particulier celui de tous qu'il estimait le plus, le *saint Thomas de Villeneuve donnant l'aumône aux pauvres;* une salle tout entière (*el salon de Murillo*) est consacrée à ses œuvres. Zurbaran, Ribeira, Vélasquez, Herrera, Alonzo-Cano ont tous fourni de splendides ouvrages à ce musée, où, parmi les statues, on en distingue surtout deux très remarquables, de Martinez Montanès.

Il y a, entre Murillo et Rubens, de saisissantes analogies : Séville resplendit de la gloire de Murillo, et Anvers de la gloire de Rubens. Il faut aller à Séville pour voir Murillo dans tout l'éclat de son génie, de même qu'il faut aller à Anvers pour apprécier, dans toute sa valeur, le génie de Rubens. Murillo, le plus admirable peintre de l'école espagnole, a sa statue de bronze à Séville, sa ville natale, dont la cathédrale possède trois de ses chefs-d'œuvre, *saint Isidore, saint Léandre* et le *saint Antoine de Padoue*, l'un des plus merveilleux tableaux du monde entier. Rubens, le plus grand des peintres flamands, a aussi sa statue de bronze, à Anvers, sa patrie adoptive, et la cathédrale de cette ville est enrichie de trois de ses chefs-d'œuvre, l'*Élévation en croix*, l'*Assomption de la Sainte Vierge*, et la *Descente de croix*, l'une des œuvres les plus admirables qui aient jamais été produites dans aucun pays. Ces deux hommes, qui vivaient à cinquante ans environ l'un de l'autre (Rubens est mort en 1640), ont été d'une étonnante fécondité ; nous les avons vus magnifiquement représentés dans tous les grands musées d'Europe, au Louvre, à Madrid, à Saint-Pétersbourg, à Dresde, à Florence ; au musée de l'Ermitage de Saint-Pétersbourg, il y a 54 Rubens, et 20 Murillo. Rubens se distingue surtout par la vigueur de son pinceau, par l'éclat de son coloris, l'énergie, l'ampleur et l'enthousiasme de ses sujets ; le caractère distinctif de Murillo, c'est une grâce, un charme, une suavité incomparables : on le reconnaît aux teintes douces et délicieuses de son coloris, à l'idéale noblesse, à l'ineffable pureté, à l'angélique et radieuse sérénité de ses compositions, au rayonnement céleste, béatifique et presque divin qu'il sait leur donner.

Séville a 25 paroisses, presque toutes remarquables par le luxe de leur ornementation et spécialement de leurs retables, leurs richesses nous ont rappelé les églises de Russie. Quelques-unes ont, sur leurs autels, de singulières statues : ce sont des saints, avec tous leurs attributs et leurs emblèmes, ce sont des groupes de personnages évangéliques, avec tous les instruments de la passion ; ce sont surtout des Madones couronnées de somptueux diadèmes, couvertes de manteaux constellés de pierres précieuses. Pendant les cérémonies de la semaine sainte, on les porte en procession dans les rues.

Le grand hôpital de la *Sangre*, de 500 lits, est un

modèle du genre, les malades ont de larges salles parfaitement ventilées, dallées de marbre et toutes brillantes, jusqu'à hauteur d'homme, de carreaux de faïence émaillée ; des vases de fleurs sont suspendus entre chacune des colonnes, et tout le long des galeries qui entourent les jardins, charmants *patios* où l'on se croit dans un palais, plutôt que dans un hôpital.

Ici, chers lecteurs, permettez-moi une petite anecdote : Le soir, au dîner de l'hôtel, où se trouvaient, avec nous, plusieurs Français, je raconte ma visite à ce bel hôpital, desservi par les Sœurs de Saint-Vincent-de-Paul ; je rends hommage à son grand air, à son aspect monumental, mais surtout riant et agréable, à la propreté, à l'élégance de tous les services, aux soins intelligents et dévoués que reçoivent les malades, à la bonne tenue de tout le personnel, et, j'ajoute : « Oh ! qu'on s'aperçoit bien qu'il y a là des Religieuses ! et que l'Espagne a raison de les conserver, et de ne pas suivre la France, dans ses ineptes et odieuses *laïcisa tions !* » — Alors un de mes voisins m'interrompt ; — « Docteur, me dit-il, prenez garde, vous allez vous faire un mauvais parti ; ce gros marchand de porcelaine, en face de vous, est conseiller municipal d'une *très grande ville*, et, de plus. *laïcisateur* forcené. » — J'interpelle vivement, et avec toute l'énergie de mes convictions, mon vis-à-vis, le gros marchand de porcelaine, le *conseiller municipal laïcisateur*, et quelle n'est pas ma stupéfaction, de l'entendre me dire : — « Mais, docteur, vous avez raison, je pense comme vous, je suis tout à fait de votre avis, nous sommes dans une mauvaise voie ; nous avons tort ; les Religieuses sont excellentes, je les aime beaucoup, et quand ma femme est malade, j'en fais venir une pour la soigner. — Alors, pourquoi les chassez-vous ? — Que voulez-vous, quand on est au conseil municipal, on se laisse entraîner les uns par les autres, et on vote avec ses amis, et comme ses amis ! !! » (*sic*) — Et voilà les hommes qui nous gouvernent !... *ô tempora! ô mores!* pauvre France !...

Ne quittons pas Séville sans laisser un souvenir à notre *hôtel de Madrid*, le meilleur de tout notre voyage ; nous y avons trouvé tout ce qui fait le charme d'un séjour : bonne table, excellent vin blanc de Valdé-Pénas, lits irréprochables, enveloppés de moustiquaires de gaze azurée, propreté exquise, galeries de repos et de promenade, à colonnes de marbre, entourant, de quatre côtés, un délicieux *patio*, avec fontaine, guirlandes de feuillages et de fleurs en parasol, au-dessus duquel un *velum* mobile entretient la plus douce fraîcheur ; et, dans ce *patio*, le soir, aux lumières, joyeuses causeries, avec des Parisiens d'un agréable entrain, et deux aimables Sévillans, qui avaient bien voulu nous recevoir dans leur splendide habitation, ravissant petit palais arabe, paré, enrichi de toutes les somptueuses coquetteries de l'architecture mauresque.

ALICANTE — ELCHÉ — LA HUERTA DE VALENCE
VALENCE — BARCELONE

ALICANTE
ELCHÉ — LA HUERTA DE VALENCE
VALENCE — BARCELONE

Quatre jours à Séville, dans cette grande ville de
130 à 140,000 âmes, peuplée de tant de merveilles,
sont bien vite passés : nous y étions arrivés le mercredi,
19 mai, à sept heures et demie du soir, nous en sommes partis le lundi 24, à dix heures et demie du matin,
pour ALICANTE. Le trajet est de vingt-quatre heures, en
train express ; c'est la traversée de presque toute l'Espagne, du sud-ouest au sud-est.

Nous roulons, à toute vapeur, dans une zone torride ; le soleil nous brûle : ce n'est pas de l'air, c'est
du feu que nous respirons. Aux stations, pauvres
petites maisonnettes, sans ombre et sans ressources,
des alcarazas nous versent, pour nous désaltérer, une
eau d'une pureté cristalline et d'une délicieuse fraîcheur ; c'est le seul breuvage que fournissent ces
contrées. La sobriété est la vertu dominante des Espagnols ; leurs cabarets, leurs buvettes ne sont, en général, que des débits d'eau fraîche (*agua fresca*), sans
danger, par conséquent, pour l'ivresse, un de leurs
péchés les plus rares. Des plaines fertiles, d'une végé-

tation plantureuse et précoce, se déroulent tout autour de nous ; les blés, d'une admirable beauté, sont partout moissonnés.

Cette étouffante journée est suivie d'une nuit presque glaciale ; nous avons atteint des plateaux élevés, où l'air est tellement vif, qu'il nous faut endosser nos doubles vêtements. A quatre heures du matin, splendide lever de soleil ; le ciel est embrasé, c'est comme un incendie aérien, grandiose et magnifique, dont nos yeux ont peine à supporter l'éclat. A sept heures, à la station de *la Encina*, nous laissons à gauche la ligne de Valence ; le pays est accidenté ; nous passons au pied de rochers sauvages, dont le sommet est couronné de châteaux, de forteresses arabes en ruines ; nous côtoyons des *ramblas*, ravins profonds, creusés dans ce sol rocailleux et tourmenté.

Mais bientôt, de ces hauteurs arides, et de sinistre aspect, nous descendons dans une *huerta*, plaine riante, plantée d'oliviers et d'orangers, et surtout de vignes, de ces vignes qui produisent un vin renommé. Ce sont les fameux vignobles d'Alicante, *la vinicola Alicantina*, qui nous annonce ALICANTE, où nous arrivons à dix heures et demie.

Après quelques instants de repos, à l'hôtel Bossio, nous parcourons, en voiture, cette ville de 30 à 40,000 habitants, qui n'a d'intéressant que sa situation au bord de la mer, son port de commerce, fréquenté par des navires de toutes les nations, et sa citadelle inexpugnable, au sommet d'un rocher, qui la domine, et dont le pied est baigné par les flots ; puis, un chemin de fer nous conduit, en une heure, à *Elché*, et nous dépose au milieu d'une forêt de palmiers !

A la grande mosquée de Cordoue, à l'Alhambra de Grenade, au palais de l'Alcazar de Séville, nous avions admiré le génie artistique et architectural des Arabes ; nous nous étions promenés dans ces merveilleuses galeries, sous ces colonnades de stuc et de marbre, d'un travail si original, d'une richesse, d'une élégance de détails inouïes, et conservées, comme si elles étaient d'hier, dans toute leur intégrité, dans toute leur beauté primitives ; à Elché, c'est tout autre chose : c'est la nature elle-même qui est le monument, c'est elle qui, transformée par l'ingénieuse activité et l'habileté industrieuse de ce même peuple, de stérile qu'elle était, est devenue de la plus étonnante fécondité. A cette terre desséchée par un soleil dévorant, que fallait-il, pour être productive ?

— De l'eau. Les Arabes ont su lui en donner : le soleil et l'eau ; la chaleur et l'humidité ; ne sont-ce pas les deux sources, les deux principes essentiels de toute végétation ? A quelque distance de là coulait le Vinalopo, petite rivière torrentueuse qui s'en allait se perdre inutilement dans la mer ; ils se sont emparés de ses eaux, ils les ont captées, divisées, en mille petits canaux d'irrigation, et sur les bords de toutes ces rigoles a poussé une immense forêt de palmiers et de grenadiers.

C'est un singulier et saisissant spectacle que celui qui s'offre aux yeux, lorsque, à la descente du chemin de fer, on se trouve, tout à coup, et de la manière la plus inattendue, au milieu même de cette forêt ; rien ne saurait rendre l'impression produite par tous ces milliers d'arbres étranges, dont la tige, droite et sans ramifications, s'élève hardiment, d'un seul jet, à une prodigieuse hauteur, et porte à son sommet une touffe épaisse de longues palmes flottantes, entremêlées de régimes, ou grappes énormes et branchues de fruits de couleur d'or; aussi loin que les regards peuvent s'étendre, dans toutes les directions, et jusqu'à la mer, on ne voit que des palmiers, des dattiers, des bananiers. A leur pied, et sous leurs ombrages, fleurissent des grenadiers, tout le long de ces petits ruisseaux d'eau courante (*super rivulos aquarum*), qui clapotent de tous côtés.

Cette forêt, unique en Europe, entoure, enveloppe une ville de 19,000 habitants, *Elché*, ville arabe, aux maisons blanches, de style mauresque, basses, à toiture plate, au-dessus desquelles se balancent des palmiers. Des groupes de femmes travaillent assises dans des rues étroites, sinueuses et cailloutées; d'autres, un pliant au bras, se rendent à l'église ; les cloches sonnent à toutes volées les exercices *du mois de Marie.* En passant devant une maison, d'importante apparence, nous nous arrêtons pour écouter un piano, dont le charme nous retient quelques instants : nous nous permettons d'applaudir; une jolie jeune fille et son professeur se montrent à la fenêtre, et nous font un gracieux salut. Qui nous eût dit qu'un jour nous applaudirions des airs de *la Lucie*, sous les palmiers d'Elché ?

Le commerce des dattes et des palmes fait la richesse du pays ; on en exporte des quantités considérables. A l'approche du dimanche des Rameaux, des milliers de voitures chargées de palmes sont expédiées dans toute l'Espagne, en France et en Italie. Nous revenons au chemin de fer, en suivant la longue allée de palmiers, tracée au milieu de la forêt, entre la ville et la station. A huit heures et demie du soir, nous avions regagné Alicante, et à neuf heures et demie nous partions pour Valence.

Le 26 mai, à une heure du matin, nous étions, de nouveau, à la station de la *Encina*, où nous prenions le train de Valence, et dès le lever du jour, avant quatre heures, nos yeux étaient ravis des merveilleuses campagnes, nommées *la Huerta*, ou plaine de Valence ; c'est le pays le plus riant et le plus fertile de l'Espagne ; c'est un paradis terrestre, une *terre promise*, une succession de jardins, baignés par la Méditerranée, qui s'étendait à notre droite, tout près de nous, et à l'infini. Nous traversions d'admirables champs de blé, de fraîches et verdoyantes rizières, de magnifiques prairies, d'immenses plantations de ces orangers qui approvisionnent la plupart de nos marchés. Entre l'azur du ciel et l'azur de la mer, se déployaient de splendides perspectives, toutes les variétés, toutes les nuances de fleurs et de feuillages ; arbres à fruits de toutes sortes, grenadiers, mûriers, oliviers, caroubiers, palmiers ; et au milieu de toute cette verdure, de toute cette culture si habile et si soignée, de gracieuses et coquettes habitations, de jolies églises, des villages aux maisons blanches, étagées, en vue de cette nature si riche et si épanouie.

Là encore, dans ce beau royaume, dans cette belle

Huerta de Valence, l'une des contrées les plus délicieuses de l'Europe, nous retrouvons, comme à Elché, comme dans la *Véga* de Grenade, les bienfaits du séjour des Arabes en Espagne. Ils y arrivèrent en 713, et y restèrent jusqu'à la fin du seizième siècle, et même jusqu'aux premières années du dix-septième ; c'est-à-dire, jusqu'aux règnes de Philippe II et de Philippe III. Ce dernier roi expulsa définitivement en 1609, au grand chagrin, et malgré la résistance des Valençais, tous les maures, et il y en avait plus d'un million, qui habitaient encore l'Espagne, depuis la prise de Grenade en 1492. Pendant huit cents ans, par leur activité industrieuse, et leurs connaissances en agriculture, ils avaient enrichi tous les pays où ils s'étaient établis ; la *Huerta* de Valence, en particulier, devait aux irrigations et à la savante culture qu'ils y avaient pratiquées son admirable fertilité. L'Espagne perdait, en eux, ses plus infatigables et ses plus habiles travailleurs. Heureusement, elle conserva l'impulsion qui lui avait été donnée ; elle entretint, perfectionna les œuvres d'art accomplies, profita des leçons qu'elle avait reçues, continua les mêmes habitudes laborieuses, et voilà comment, dans plusieurs de ses régions, sur toute la côte méditerranéenne en particulier, le sol est si productif et l'agriculture si florissante. La domination des musulmans a donc été doublement féconde pour l'Espagne ; si, pendant plusieurs siècles, ils la tinrent asservie, en revanche, ils la dotèrent d'admirables monuments, et lui apprirent à développer les richesses de son territoire.

A huit heures et demie, nous sommes à VALENCE,

grande ville de 100 à 110,000 habitants, dont le maréchal Suchet s'empara en 1812 ; l'*hôtel de Paris*, entièrement occupé, ne pouvant pas nous recevoir, nous allons à l'*hôtel de Madrid*, également de premier ordre, mais défectueux sous plus d'un rapport ; il justifie l'ancienne mauvaise renommée des hôtels d'Espagne. Nous l'avions trouvée méritée à Burgos, à Avila, à Valladolid, mais pleinement démentie à Madrid, à Cordoue, à Grenade, à Cadix, à Séville surtout ; ici nous reconnaissons, hélas ! qu'elle n'est que trop bien fondée. Toutefois, soyons juste, même envers les plus mauvais hôtels, et vengeons-les, au moins ceux où nous avons élu domicile, d'une accusation grave, dont ils sont entachés, mais innocents. Si, à table, au lieu d'être agréablement affriandés, on n'éprouve que répugnance et dégoût, si des odeurs inacceptables circulent dans les corridors, si l'usage du balai semble à peu près ignoré, si le linge de jour et de nuit n'est pas d'une blancheur immaculée, et si, à certains indices, on reconnaît qu'il n'est pas vierge de tout usage antérieur, et que d'autres avant vous en ont eu les prémices ; en revanche, dans le cas où, malgré toutes ces conditions fâcheuses, le sommeil aurait pu s'établir, il n'est troublé par aucune de ces cuisantes et insupportables piqûres, qui vous démontrent que vous n'êtes pas seul dans votre lit ; nous nous plaisons à rendre cet hommage aux chambres à coucher des hôtels, dont nous avons, d'ailleurs, gardé les plus tristes souvenirs.

Les rues de Valence sont, en général, larges, pavées, bordées de trottoirs et de magasins élégants, et pourvues de tout ce qui peut exciter les convoitises ; la circulation y est active ; mais le cachet original et pittoresque de l'Espagne a disparu ; il n'y a plus ni maisons blanches, basses et à terrasses ; ni vestibules de marbre, ni *patios* intérieurs, où fleurissent le myrte et l'oranger, ni *miradors*, ni encorbellements verts ou bleus, tout ressemble à nos villes de France. Notons cependant de belles et nombreuses boutiques d'éventails, une des plus importantes industries du pays. Valence est un des principaux centres de production de cet indispensable *vade mecun* de toutes les femmes. Si l'éventail, dans les jours brûlants, est le souffle qu'on respire, la brise qui rafraîchit et caresse ; des doigts exercés savent encore lui donner une expression, un langage, et s'en faire une arme, un jouet, une contenance, un abri, derrière lequel se dissimulent les éclairs de la joie, les sombres effets de la tristesse, les timides réserves de la pudeur, ou les douces et provocantes œillades de la séduction et de la coquetterie. Aussi est-il, pour la femme espagnole, un compagnon inséparable ; à l'église, dans la rue, à pied, en voiture, à table, elle l'agite, le tourne, le retourne, le plie, le déplie avec une grâce charmante, une prestesse, une agilité surprenantes, et quelquefois fébriles.

La cathédrale de Valence est un vaste édifice que nous aurions sans doute longuement étudié dans la richesse de ses détails, l'ampleur et la beauté de ses proportions, si le souvenir des incomparables cathédrales de Burgos, de Tolède, de Séville ne lui eût pas fait quelque tort dans nos appréciations comparatives.

Valence a de nombreux établissements hospitaliers, tous desservis par des religieuses. L'Espagne, mieux inspirée que la France républicaine, a compris qu'il y a, dans le malade, deux choses, un corps et une âme, à sauvegarder en même temps. Ne voir que le corps, c'est méconnaître la dignité de l'homme, c'est le tenir au rang de la brute. Négliger l'âme, si elle est restée droite et pure, c'est ne pas la soutenir, c'est l'exposer à déchoir; si elle est tombée, c'est l'abandonner dans sa chute, sans effort pour la relever; or la religieuse est seule capable de cette double mission, de ce double dévouement; la supprimer, c'est enlever au malade la délicatesse, la tendresse compatissante d'une mère, que rien ne peut remplacer; c'est, en même temps, lui fermer le lumineux horizon de consolations et d'espérances, que la religion seule peut ouvrir à ses yeux.

Le grand hôpital est un des plus beaux que nous connaissions; les salles sont spacieuses, largement ventilées, dallées de marbre, soutenues par de grosses colonnes de marbre cannelées, avec chapiteaux dorés; elles aboutissent, toutes, à un centre commun, vaste rotonde : c'est la chapelle, autour de laquelle elles rayonnent. En sorte que rien, ni portes ni rideaux, ne gênant les regards, tous les malades peuvent, de leurs lits, sans se déranger, suivre l'office, et voir le prêtre à l'autel. La même disposition est reproduite à l'étage supérieur, auquel on arrive, à volonté, par un escalier, ou par un ascenseur. Un bâtiment isolé est entièrement consacré aux enfants, petits garçons et petites filles ; leurs dortoirs (*dormitorio de niños, dormitorio de niñas*) sont d'un ravissant aspect : une double rangée d'élégants petits berceaux s'étend gracieusement, à droite et à gauche, sur un dallage de marbre blanc, tout le long de salles émaillées de bleu.

Dans un moment où, me trouvant égaré au milieu d'un carrefour de la ville, je ne savais quelle direction prendre, un prêtre, dont j'ai déjà parlé, qui passait par là, voit mon embarras, et m'offre d'être mon guide !... Je le suis avec empressement ; mais la conversation manquait d'entrain, car je ne parle pas espagnol, et lui, ne comprenait pas un mot de français ; j'eus alors l'idée de recourir au latin, qui devait nous être familier à tous les deux, et, aussitôt, nous voilà, cheminant côte à côte, et causant dans la belle langue de Cicéron, comme deux vrais Romains, qui se seraient rencontrés au *Campo Vacchino*, ou sur les rives du Tibre. Ce bon prêtre m'invite à visiter un établissement de refuge pour la vieillesse, l'*hospice de la Miséricorde*, dont il est l'aumônier. Là encore je n'ai qu'à rendre justice à la bonne entente des constructions, à l'intelligence des dispositions intérieures, au goût, à l'élégance de l'ameublement ; quant à la chapelle, c'est un bijou d'art et d'ornementation. Quelle différence avec nos hôpitaux et hospices de Paris, LAÏCISÉS, où, sous prétexte de liberté de conscience, on a enlevé tout ce qui pouvait être, pour les malades, un cher et précieux souvenir d'enfance, un encouragement, une consolation dans la souffrance, une espérance dans un avenir meilleur, ne laissant à leurs yeux que des murs nus, dépouillés, froids comme l'athéisme et le désespoir !

L'Espagne peut être fière de ses hôpitaux; dans aucun autre pays d'Europe nous n'en avons vu de plus beaux, de mieux aménagés, de plus hygiéniques, disons-le même, d'aussi luxueux. Nous ne croyons pas qu'il soit possible d'offrir aux misères humaines des asiles plus confortables, mieux compris, plus en rapport avec la dignité de l'homme, que les hôpitaux de Madrid, de Cordoue, de Cadix, de Séville, de Valence.

La mer est à une lieue de la ville; elle lui est reliée par l'*Alameida*, très longue et très belle promenade, plantée de plusieurs rangées d'arbres, sillonnée, le soir, par de nombreuses voitures, de brillants attelages, et par la foule des promeneurs. Après une journée de chaleur étouffante, la fraîcheur de la soirée s'y faisait sentir d'une manière presque morfondante. Ces changements de température si brusques et si prononcés, dans plusieurs contrées de l'Espagne, y engendrent des maladies de poitrine fréquentes, et de la nature la plus grave.

Le 27 mai, à midi, nous partons pour Barcelone, notre dernière étape en Espagne; avant d'arriver à Valence, nous avions admiré de splendides campagnes; au delà de la ville, nous retrouvons les mêmes aspects riants et plantureux, la même *huerta*, avec ses irrigations, ses rizières, ses plantations d'orangers, d'oliviers, ses vignes, ses blés magnifiques, ses habitations riantes et coquettes; toute la côte méditerranéenne n'est qu'une suite de délicieux jardins, où la richesse naturelle du sol, fécondée par l'ardeur du soleil, l'abondance des eaux d'arrosement, et la culture la mieux entendue, produit la végétation la plus riche et la plus variée ; c'est une des merveilles de l'Espagne ; le chemin de fer la parcourt, toujours en vue de la mer.

A peu de distance de Valence nous apercevons, à gauche, sur une colline, des ruines considérables ; ce sont les ruines de l'ancienne SAGONTE, cette ville si importante, et qui a laissé un si grand nom dans l'histoire ; Annibal s'en était emparé 219 ans avant Jésus-Christ ; les Romains l'avaient reprise dix ans plus tard : sous leur domination, elle s'était peuplée de 500 000 habitants, et des hauteurs de la colline, où nous voyons ses ruines, elle s'étendait, dans la vallée, à plus d'une lieue de distance jusqu'à la mer. En 1811 le maréchal Suchet fit revivre son nom, par la bataille qu'il gagna dans ses environs, et qui fut nommée la *bataille de Sagonte*. Une petite ville appelée *Murviedro*, station du chemin de fer, est bâtie sur une partie de l'emplacement qu'occupait cette ville fameuse, dont il ne reste plus aujourd'hui que des ruines.

Vers cinq heures du soir, nous traversons l'EBRE, large fleuve, qui se jette dans la Méditerranée, à quelques kilomètres de là. Sur sa rive gauche s'élève la ville forte de TORTOSA ; nous y stationnons quelques minutes seulement, et, à deux heures plus loin, nous sommes à TARRAGONE, ville très importante sous la domination romaine, capitale de la Tarraconaise et de toute l'Espagne citérieure, prise en 1811 par les Français, et possédée par eux jusqu'en 1813. A dix heures et demie, nous arrivons à BARCELONE, et nous gagnons l'excellent *hôtel des Quatre-Nations*, sur la *Rambla*.

BARCELONE est la capitale de la Catalogne; c'est une très belle ville; ses rues sont larges, droites, bordées de boutiques où s'étalent tous les produits des arts et de l'industrie, toutes les inventions du luxe. Elle a de vastes places, avec des fontaines monumentales de magnifiques promenades, un splendide jardin public, avec rochers, grottes, groupe colossal de statues, cascades et jets d'eau. La Rambla est la partie la plus animée de la ville; c'est le centre du commerce et du mouvement; jusqu'à deux heures du matin, ses larges allées d'arbres sont sillonnées par la foule des élégants et des oisifs, par les marchands de fleurs, d'eau fraîche, de cigares, d'éventails, et par les voitures qui circulent sur ses chaussées latérales. Tout le long de son parcours, jusqu'à la mer, on admire les plus riches magasins, les plus beaux hôtels. Elle est l'aboutissant et le point de départ des principales rues; c'est le boulevard des Italiens. La population de Barcelone, actuellement de 260,000 âmes, sera décuplée après l'achèvement des immenses boulevards, et des nouveaux quartiers, qui se croisent à angle droit, à perte de vue, dans toutes les directions, et s'étendent jusqu'à la petite ville de *Gracia*, dès maintenant annexée à Barcelone. Il y a là de magnifiques avenues, plantées d'arbres, et déjà bordées d'opulentes maisons, de somptueux édifices, de palais, achevés ou en construction; c'est sur l'emplacement des anciennes fortifications démantelées, et des campagnes suburbaines, que s'exécutent ces gigantesques travaux, qui feront certainement de Barcelone l'une des plus grandes villes d'Europe.

De même qu'à Valence, nous ne trouvons plus guère ici de cachet espagnol ; dans l'aspect, dans la physionomie de la ville, tout est français. La cathédrale cependant a conservé la disposition intérieure des églises d'Espagne. Le chœur des chanoines est remarquable par ses stalles sculptées à jour, surmontées de flèches, d'ogives, d'ornements de toutes sortes d'une merveilleuse délicatesse, et d'une richesse de détails qu'on ne peut trop admirer. Sous le maître-autel, élevé de plusieurs degrés, on aperçoit une chapelle à laquelle on descend par un large escalier ; de beaux vitraux éclairent d'un jour sombre les trois nefs, de style gothique, devenues, par le fait du temps, de couleur presque noire. Une porte du latéral droit s'ouvre sur un cloître, dont les piliers, les colonnettes et les fenêtres ogivales ont leurs chapiteaux et leurs nervures ornés de figurines de l'art le plus accompli.

Les églises de *Santa Maria del Mar, de Santa Maria del Pino* sont de remarquables monuments gothiques, d'une grande richesse ; leurs vitraux charment les yeux par cet inimitable coloris, dont les peintres verriers du moyen âge possédaient le secret. L'église de *Santa Ana*, quand nous l'avons visitée, était remplie d'une foule tellement compacte qu'on y respirait à peine ; on y célébrait un office *du mois de Marie.* Jamais nous n'avions assisté à pareil scandale ; aussitôt que les stances musicales, chantées par une admirable voix de femme, étaient terminées, les conversations vives, animées, bourdonnaient partout, dans toutes les parties de l'église, et jusque dans la sacristie, encombrée aussi, et dont les portes étaient largement ouvertes ; on s'en donnait à cœur joie, c'était une explosion de gaieté, on riait, on causait à pleine voix, non pas comme dans un salon (ce ne serait pas supporté), mais comme dans la rue, comme sur une place publique ; les prêtres, eux-mêmes, se mêlaient à toutes ces facétieuses causeries, et y apportaient leur appoint, leur contingent d'amabilité, de verve et d'entrain. Si toute cette société était élégante et distinguée, les toilettes, la tenue, les manières le disaient assez, à coup sûr elle n'était nullement édifiante ; c'était une réunion toute mondaine et toute joviale, mais pas du tout religieuse ; on eût dit qu'elle était là pour une soirée théâtrale, pour quelque fête *boulevardière*, et non pas pour un office divin. Est-ce donc ainsi que les cérémonies de l'Église sont comprises à Barcelone ?

Le 29 mai, à cinq heures du matin, nous quittions *l'hôtel des Quatre-Nations* et la *Rambla ;* nous partions pour la France et Nîmes, où nous devions arriver, le soir même, vers sept heures.

L'ITALIE — L'ESPAGNE

L'ITALIE — L'ESPAGNE

« Vous connaissez l'Espagne et l'Italie, eh bien ! auquel de ces deux pays donnez-vous la préférence ? lequel vous a causé les plus vives impressions, et laissé les plus beaux souvenirs ? » — Telle est la question qu'on nous a plusieurs fois adressée ; nous allons essayer d'y répondre, d'autant plus volontiers, que cette réponse sera comme un dernier regard promené sur l'Espagne, comme le résumé de ce livre, et, aussi, comme un lointain, mais toujours cher et ineffaçable souvenir de l'Italie.

L'Espagne et l'Italie ont de communs et nombreux rapports ; la même mer, la Méditerranée, baigne les côtes orientales de l'une et occidentales de l'autre ; leurs habitants sont de la même race latine ; ils ont la même religion, la même forme de gouvernement, la même vivacité, la même fougue de caractère et d'imagination. Avouons-le aussi, trop souvent, les mêmes défauts, le même laisser-aller, les mêmes négligences pour tout ce qui regarde le soin, la tenue, la dignité de la vie privée ; leur langage dérivé de la même langue primitive, la langue latine, a de nombreuses et frappantes analogies ; leur histoire, à différentes époques de l'ère ancienne et de l'ère moderne, se confond, les deux peuples s'étant trouvés réunis sous la même domination ; leur situation, leur latitude, leur climat, leurs productions territoriales sont à peu près les mêmes, à l'extrémité méridionale de l'Europe, dont elles sont, l'une et l'autre, parallèlement séparées par une grande chaîne de montagnes similaires, les Alpes et les Pyrénées.

Après avoir constaté ces remarquables ressemblances, plaçons les deux pays, comme dans un tableau synoptique et panoramique, sous les yeux du voyageur et montrons ainsi, d'un seul coup d'œil, ce qu'ils sont, au double point de vue de l'art et de la nature ; n'est-ce pas la meilleure manière de répondre à la question qui nous a été posée ?

L'Italie, on l'a dit avec raison, est la terre classique des arts : elle est la patrie de Michel-Ange, de Raphaël, de Jules Romain, du Pérugin, du Titien, du Corrège, du Dominiquin, de Paul Véronèse, du Tintoret, du Bernin, du Bramante et de tant d'autres, dont les glorieux noms s'y trouvent, presque à chaque pas, représentés par d'immortels chefs-d'œuvre. Presque toutes ses villes (nous ne parlerons que de ce que nous avons vu) possèdent quelques monuments admirables, ou quelques merveilles de la peinture et de la sculpture. Milan n'a-t-elle pas sa splendide cathédrale de marbre, sa basilique ambroisienne, sa fresque de Léonard de Vinci ; et dans ses environs, ce bijou, cette perle qui s'appelle la chartreuse de Pavie ? Venise, avec Saint-Marc, avec toutes ses mosaïques, toutes ses églises, avec le palais des Doges ; la Piazza, et la

Piazetta et tous ses palais, n'est-elle pas encore *Venise la Belle, Venise la Reine de l'Adriatique?* Vérone n'a-t-elle pas ses arènes ? Padoue, son église et son tombeau de saint Antoine ? Bologne, sa Sainte-Cécile et son tombeau de saint Dominique ? Pise, sa cathédrale, sa tour penchée, *son Campo Santo?* à Florence, n'est-on pas ébloui par des merveilles, à la vue du dôme, du campanile, du baptistère, de la chapelle des Médicis, des tombeaux sculptés par Michel-Ange, des églises de *San Miniato,* de *Santa Croce,* du palais Pitti, de la galerie des Uffizzi ? et Rome n'est-elle pas encore la capitale, le foyer le plus lumineux des arts, puisqu'elle offre à notre admiration Saint-Pierre, Saint-Paul hors les Murs, le Vatican, le Capitole, le *Jugement dernier,* la *Transfiguration,* le *Moïse,* le Colisée, et tant de palais, où le génie humain resplendit dans tout le rayonnement de sa gloire la plus éclatante ?

Et si, après les merveilles de l'art, nous voulons contempler les merveilles de la nature, combien de sujets d'admiration !... quelles magnifiques perspectives, au versant méridional des Alpes ! au lac Majeur, avec ses îles Borromées ! aux lacs de Lugano et de Côme, avec leurs villas entourées de camélias, de lauriers-roses et d'orangers ! quel splendide panorama, à la Corniche, au golfe de Gênes, dans les plaines de la Lombardo-Vénétie, tout enguirlandées de pampres, qui, d'arbre en arbre, se balancent au-dessus des plus riches moissons ! et, comme contraste, où rêver une nature plus saisissante, plus grandiose et plus terrible que sur la route de Bologne à Florence, à travers les

Apennins? y a-t-il de plus poétiques horizons que les montagnes de la Sabine, et l'*Agro Romano*, vastes espaces, aux teintes douces et bleuâtres, où sont éparses des ruines de l'ancienne Rome, des villas, des aqueducs, des tombeaux, mutilés souvent par la main des hommes, mais dont les siècles, du moins, ont su respecter la vénérable et mélancolique majesté? Où trouver des sites plus pittoresques, un plus ravissant séjour qu'à Tivoli, ce frais et délicieux Tibur, habité par Mécène, chanté par Horace, et tout rempli, aujourd'hui, comme autrefois, du bruit des cascades et des cascatelles, dont les eaux limpides coulent et tombent de rochers en rochers? et comment parler des incomparables beautés du golfe de Naples, des coteaux de Pouzzoles et de Baïa, bains et villégiature de Cicéron, de Jules César, de Néron, et de la noblesse romaine? comment décrire ces riants et gracieux rivages de Castellamare et de Sorrente, patrie du Tasse, que les Sirènes autrefois, nous dit Virgile, charmaient de leurs voix enivrantes, et de leurs chants fascinateurs?

Dans cette esquisse de l'Italie, rapide, sommaire et crayonnée à grands traits, personne ne pourra nous taxer ni d'exagération ni d'enthousiasme de parti pris. Or, quand on a vu, admiré toutes ces choses, toutes ces merveilles, si l'on était tenté de croire que rien, ailleurs, n'est plus digne de fixer nos regards, d'attirer notre attention, et qu'après l'Italie, aucun pays ne mérite plus d'être visité, on serait dans une étrange erreur. Chaque pays a ses attraits; et ceux qui ont lu nos voyages en Bretagne, dans les Pyrénées, dans les

Alpes, en Suisse, dans le Tyrol, en Allemagne, en Belgique, en Autriche, à Constantinople, en Pologne, en Russie, en Danemark, en Suède, en Norvège et jusqu'en Laponie, publiés dans les précédentes séries des *Vacances d'un Médecin*, ont pu se convaincre que tous ces pays, même les plus lointains, et en apparence les plus déshérités, possèdent des beautés de la nature, ou de l'art, qu'on ne saurait trop admirer. Mais l'Espagne seule est ici en cause ; voyons donc ce qu'elle est, et quelle est sa valeur pittoresque et artistique, comparativement à l'Italie.

Au point de vue de la nature, l'Espagne et l'Italie sont absolument différentes ; en Italie, la nature est généralement gaie, riante, épanouie ; en Espagne, elle est, le plus souvent, sombre, âpre, sévère, quelquefois même désolée ; les montagnes des pays basques, du Guipuzcoa, de la Catalogne, de la vieille Castille, les différentes chaînes connues sous les noms de Sierra Guadarrama, Sierra Guadalupe, Sierra Morena, sont presque partout dépouillées, sans arbres, sans végétation autre que des pâturages ; le plus habituellement même, ce sont des rochers nus, inaccessibles, coupés à pic, des gorges étroites, profondes, véritables repaires de brigands et de bêtes fauves ; nature agreste, sauvage, toute d'épouvante, mais d'un caractère saisissant et grandiose. Les plaines de l'Espagne centrale, de la Nouvelle-Castille, n'offrent, le plus souvent, que les plus tristes aspects ; tantôt, comme dans les environs d'Avila et de l'Escurial, ce sont des déserts, des éboulis de rochers, des blocs de granit, épars, ou amoncelés, sur un sol rocailleux et infécond. La vue se perd dans des espaces immenses, où l'on n'aperçoit ni arbres, ni habitations, ni terres cultivées, c'est l'infini du désert. Dans les environs, et au delà de Madrid, sur le parcours de la voie ferrée qui mène au Portugal, on trouve des plaines sablonneuses, desséchées, brûlées par le soleil, arides, sans eau, sans herbe, sans habitants, nature ingrate, désolante et désolée, qui rappelle les steppes de la Russie. Parfois, on se trouve au milieu de plantations d'oliviers, couverts de poussière, qui s'étendent de tous côtés, dans toutes les directions, plus loin que les yeux peuvent atteindre, c'est comme une mer plate, monotone et grisâtre.

Dans toutes ces régions, l'Espagne est évidemment inférieure à l'Italie. En Andalousie elle est d'une remarquable fertilité, mais sans caractère pittoresque.

Pour la voir véritablement belle, splendide, admirable, il faut aller à Grenade, dans cette plaine de la *Véga*, qui faisait pleurer Boabdil! Quelle idéale perspective! les collines, les tours, les coupoles de l'Alhambra, les jardins du Généralife dominés par les cimes éternellement neigeuses de la Sierra Nevada! Il faut aller aussi à Elché, dans cette forèt de gigantesques palmiers, rêve du nouveau monde ou des oasis d'Afrique. Il faut aller encore, sur toute la longueur, sur toute l'étendue de la côte méditerranéenne, dans cette *huerta* de Valence, jardin d'Armide, jardin des Hespérides, où les yeux ravis contemplent la nature dans toute la richesse et l'inépuisable variété de ses plus merveilleux épanouissements.

Cette nature, aux larges horizons, aux saisissants contrastes, ici gracieuse, riante, et fleurie, là, austère, sinistre et sauvage, sous un soleil de feu, devait frapper vivement les imaginations, et développer le sentiment de l'art, sous les inspirations et les formes les plus diverses et les plus opposées, en rapport même avec les impressions si différentes qu'elle faisait naître. Aussi ces mêmes contrastes de la nature ont leurs fidèles reflets dans la grande école espagnole ; voyez le suave et ravissant Murillo, à côté du sombre et dramatique Zurbaran, n'est-ce pas la charmante, l'idéale *Véga* de Grenade, à côté des effrayants et noirs défilés de la Sierra Morena?

L'école espagnole, l'une des plus célèbres assurément, compte les plus illustres maîtres : Murillo, Vélasquez, Ribeira, Zurbaran, le *divin* Moralès, Campaña, Alonso-Cano, les trois Herrera, et tant d'autres ; or un pays qui a donné le jour à de tels hommes ne peut-il pas s'appeler, aussi, la patrie des arts? Combien de chefs-d'œuvre, en effet, n'y trouve-t-on pas? Ce ne sont pas seulement les musées de Madrid, l'un des plus riches d'Europe, et de Séville, qui en sont tout remplis, ce sont encore les églises, les couvents, les hôpitaux. Les magnifiques tombeaux de la chartreuse de Miraflores, et de la chapelle royale de Grenade ; les retables des autels, les boiseries, les stalles, les grilles de fer et de bronze du chœur des cathédrales prouvent que si la peinture a produit d'admirables toiles, la sculpture n'est pas restée en arrière. Que dire, maintenant de l'art architectural? L'Escurial, les cathédrales d'Avila, de Grenade, de Barcelone, sont assurément des édifices grandioses et de la plus haute valeur; quant aux cathédrales de Burgos, de Tolède, de Séville, elles sont des merveilles, ou plutôt, elles sont, chacune, une agglomération, un monde de merveilles.

Mais l'Espagne possède un autre genre de monuments tout spéciaux, inconnus à l'Italie, et qui n'existent nulle part ailleurs en Europe, ce sont les monuments arabes; la grande mosquée de Cordoue, l'Alhambra de Grenade, le palais de l'Alcazar de Séville, édifices étonnants, fantastiques, de formes, de conceptions originales, n'appartenant qu'à eux seuls, ne ressemblant à rien de ce que l'on a vu, ou imaginé, représentant d'autres mœurs, une autre époque, une autre civilisation, et dans lesquels on peut se croire transporté au milieu de toutes les féeries les plus fastueuses de l'Orient.

Ces magnificences de l'art, dans ses types les plus divers, ne sont pas les seuls attraits de l'Espagne; elle en a d'autres encore : les petites maisons, basses et blanches, avec leurs *miradors* verts et bleus, et leurs *patios* de fleurs et de feuillages; les mantilles noires qui encadrent si gracieusement la tête des femmes de Madrid, de Cordoue, de Cadix, de Séville; les attelages de longues files de mules, lancées au triple galop, et toutes chamarrées de cocardes, de grelots, de panaches et d'écussons; les chants nocturnes et solennels des crieurs de nuit, des *Serenos*, qui passent dans les ténèbres, en jetant dans les airs leurs pieuses et plaintives invocations; tout cela est d'un charme exquis, inexprimable; c'est quelque chose de nouveau, de pittoresque, d'inouï, de tout à fait spécial à l'Espagne, c'est de la couleur locale, et, pour le voyageur, qu'y a-t-il de plus enviable et de plus recherché?

De tout ce qui précède, concluons que l'Italie et l'Espagne sont deux pays qu'on ne saurait trop visiter; elles ont, chacune, d'admirables beautés, de merveilleuses richesses : en Italie, la nature est peut-être plus généralement belle, et les objets d'art, souvenirs historiques, ruines, monuments anciens et modernes, statues, tableaux, plus nombreux; en revanche, l'Espagne a plus d'originalité, plus de caractère, plus de cachet; on y éprouve des impressions plus vives, plus inattendues. Donc, chers lecteurs, après avoir vu l'Italie, allez encore en Espagne; vous y trouverez d'amples dédommagements aux fatigues du voyage, et quand vous en reviendrez, vous serez, comme nous, fort embarrassés, s'il vous faut dire auquel des deux pays vous donnez la préférence.

RETOUR — NIMES — LE GÉVAUDAN
CLERMONT — ROYAT

RETOUR — NIMES — LE GÉVAUDAN
CLERMONT — ROYAT

Nous étions entrés en Espagne par la côte occidentale ou atlantique ; nous en sortons par la côte orientale ou méditerranéenne. Partis de Barcelone le 29 mai, à 5 heures du matin, nous étions à Cerbère, première station française, vers onze heures ; là, nous quittons le train espagnol, et, les formalités de douane remplies, nous montons dans les wagons français. Le pays est pittoresque, accidenté, montagneux, entrecoupé de ravins ; ce sont les Pyrénées orientales, dont les derniers versants s'abaissent et descendent jusqu'à la mer. Nous passons à Port-Vendres, petit port de commerce sur la Méditerranée, puis à Cette, ville fameuse par son habile falsification des vins. C'est là, en effet, que les vins blancs du Roussillon subissent certaines préparations, après lesquelles ils sont exportés et vendus, sous le nom prétentieux et usurpé de *vins de Madère.* Tout autour de nous s'étendent les vignobles de Banyuls, de Lunel, de Frontignan. Quelques minutes à peine d'arrêt a Montpellier, et, vers 7 heures, nous sommes à NîMES, à *l'hôtel du Luxembourg*, où nous avons bon accueil, bonne table et bon gîte.

NÎMES est la ville de France la plus riche en antiquités romaines ; on s'y croirait dans une ville italienne ; tout, en effet, et les monuments, et les noms des rues et des jardins y rappelle l'Italie et les Romains. Les *Arènes*, vaste édifice ellipsoïde, parfaitement conservées, et construites sous les empereurs Vespasien, Titus et Domitien, peuvent contenir 25,000 spectateurs ; on y donne encore des courses et des combats de taureaux. *La maison Carrée*, avec son fronton triangulaire, soutenu par des colonnes corinthiennes, actuellement musée, est un temple antique, élevé vers l'an 4 de l'ère chrétienne, en l'honneur des fils d'Auguste. Le *temple de Diane*, est un autre musée ; la *porte d'Auguste*, avec ses arcades antiques, les *bains des Romains*, le *square d'Antonin*, la *rue d'Agrippa*, sont encore des pages vivantes de l'histoire gallo-romaine.

Le jardin de la Source est une magnifique promenade, ornée de plusieurs statues de marbre, et, en particulier, de la statue de Reboul, simple boulanger de Nîmes, mort en 1864 ; il composait de remarquables et sentimentales poésies, et son nom est resté justement populaire. La cathédrale, *Saint-Castor*, est un monument très ancien, byzantin et gothique : ses premières assises sont de construction romaine. *L'église Saint-Paul* est moderne, son portail est surmonté d'une flèche de pierre, élégante et hardie ; elle a de belles fresques de Flandrin ; le prince Louis Napoléon en a posé la première pierre en 1850. Au milieu de la place *de l'Esplanade* s'élève la célèbre fontaine, dont les statues sont l'œuvre admirable de Pradier.

Nîmes est certainement une des villes les plus inté-
ressantes de France ; ses rues sont, en général, bien
bâties ; ses promenades et ses boulevards, bordés de
beaux arbres, se déploient largement, dans une vaste
étendue ; nous avons regretté de ne pouvoir y faire
un plus long séjour.

De Nîmes à Clermont, grande journée de chemin de
fer, de 7 heures et demie du matin, à 7 heures et demie
du soir ; mais quelle route accidentée ! quels sites
variés et pittoresques ! on suit d'abord le cours du
Gardon, au milieu des centres houillers du département du Gard ; on traverse ensuite le département de
la Lozère, région montagneuse où l'Allier prend sa
source, à une altitude de 1,024 mètres, tout près de la
station de Luc. Puis, on entre dans la Haute-Loire,
pays alpestre, sauvage, rocheux et raviné ; c'est l'ancienne province du Languedoc, qu'on appelait autrefois, le *Gévaudan*. C'était là, nous disent les chroni-
queurs, dans ces montagnes, dans ces rochers, au
fond de ces gorges anfractueuses, d'un difficile et périlleux accès, qu'habitait et se cachait *la Bête du
Gévaudan*, loup-cervier d'une grosseur monstrueuse,
d'une audace, d'une férosité extraordinaires, qui ré-
pandait la terreur dans toute la contrée, attaquait,
dévorait les hommes, les femmes, les enfants et les
troupeaux, et savait ensuite dépister toutes les recher-
ches, se dérober à toutes les poursuites, déjouer toutes
les ruses, éviter tous les pièges, et se mettre en sureté
dans des abris, dans des cavernes inaccessibles et toujours introuvables. Pour donner une idée de cette

nature agreste, inhospitalière, inhabitable, si profondément tourmentée, et dans laquelle sont accumulés
tous les genres d'obstacles, les plus insurmontables
au passage d'une voie ferrée, disons que, de Nîmes à
Clermont, il faut franchir *cent cinq tunnels*. Cette route
est assurément une des plus étonnantes, et des plus
saisissantes que nous connaissions ; nous la recommandons à tous nos lecteurs.

Nous restâmes la journée du 31 mai à Clermont,
fort jolie ville, bien située, entourée d'un cirque de
montagnes, que domine le Puy-de-Dôme, dont la
masse, régulièrement arrondie en forme de calotte,
s'élève lourdement au-dessus de tout le paysage, et
fait tableau, de tous les points de la ville. Clermont a
donné le jour à Pascal, elle lui a élevé une statue de
bronze ; ainsi qu'à Desaix, né dans un village d'Auver-
gne. La cathédrale est un monument des treizième et
quatorzième siècles ; son portail, inachevé, est surmonté
de deux flèches de pierre, de construction récente.
L'église *Notre-Dame du Port*, d'une époque beaucoup
plus ancienne, est remarquable par son style du onzième
siècle, et par ses vitraux. La source de Saint-Allyre
jaillit dans un faubourg de la ville, les voyageurs ne
manquent pas de la visiter ; ses eaux sont chargées d'une
quantité considérable de carbonate de chaux, qu'elles
déposent sur tous les objets, à la surface desquels elles
s'écoulent ; tous ces objets, quels qu'ils soient, animaux, végétaux, fruits et fleurs, s'en trouvent ainsi
incrustés, et transformés en pétrifications solides et
inaltérables. Ces dépôts de carbonate de chaux sont

assez abondants pour avoir fait un pont naturel, sous lequel passe un ruisseau appelé *la Tiretaine.*

C'est dans la vallée de la Tiretaine que se trouve, à une demi-lieue de Clermont, la station thermale de Royat, étagée sur les pentes de verdoyantes collines ; il y a quarante ans, ce n'était qu'un pauvre petit village ; on n'y trouvait que de misérables maisons de paysans, et l'eau minérale, qu'on venait y boire, s'écoulait par un simple robinet. Mais en 1854, des fouilles, habilement pratiquées, mirent à découvert et firent jaillir une source minérale abondante, obstruée par des débris de piscines romaines. Cette source, convenablement captée, fit la fortune du pays, qui, dès lors, changea d'aspect ; ce fut une rapide et complète métamorphose. Aujourd'hui, Royat est une de nos stations thermales les plus importantes et les plus fréquentées ; des milliers de malades et de touristes y affluent, dans les mois de juin, juillet, août et septembre ; un nombre considérable d'hôtels des plus luxueux y ont été construits ; des maisons de famille, des maisons particulières des plus élégantes s'y sont élevées, dans les situations les plus pittoresques, en vue des plus riantes perspectives : une gracieuse buvette est abritée sous les arbustes de jardins artistement dessinés. Dans un vaste et confortable établissement thermal, sont disposées de longues rangées de cabinets de bains, des étuves de vapeur, des salles d'inhalations ; onze cents bains peuvent y être donnés tous les jours ; la source fournit mille litres par minute, et sa température est de 35 degrés. Les eaux de Royat sont

gazeuses, alcalines et ferrugineuses, stimulantes. apé-
rives et toniques ; elles sont indiquées dans l'anémie,
dans les affections dyspeptiques, dans l'inertie de l'estomac et de l'intestin, et toutes les fois qu'il s'agit de
restaurer une constitution détériorée, et de relever les
forces vitales, naturellement faibles, ou déprimées par
la maladie, les fatigues, les excès, ou les privations.
Elles seraient très dangereuses dans les maladies de la
peau, à formes aiguës et inflammatoires, qu'elles
aggraveraient, et dont elles augmenteraient le dévelop-
pement et l'intensité, par leurs propriétés excitantes.

Comme clôture de toutes nos pérégrinations, l'hygiène nous prescrivait un bain dans ce bel établissement de Royat ; et le même soir, à 9 heures, nous
quittions Clermont et notre bon *hôtel de l'Univers*, sur la
grande place *de Jaude*, ornée de la statue de Desaix,
et nous prenions le chemin de fer de Paris, où nous
étions de retour le 1er juin, à 6 heures du matin.

MA CHÈRE PAULINE,

Et maintenant, après ce beau et grand voyage, dont
vous aviez, d'avance, aplani toutes les difficultés, et
combiné tous les détails avec une si habile précision,
et que le moindre accident n'a jamais contrarié, rentrons dans notre modeste et paisible intérieur, où vous
savez me rendre la vie si douce et si heureuse !

E. GUIBOUT.

TABLE DES MATIÈRES

7269-86. — Corbeil. Typ. et stér. Crété.